O CONTROLE JURISDICIONAL DA FUNÇÃO NORMATIVA DAS AGÊNCIAS REGULADORAS

CONTRACORRENTE

Edilson Pereira Nobre Júnior

O CONTROLE JURISDICIONAL DA FUNÇÃO NORMATIVA DAS AGÊNCIAS REGULADORAS

SÃO PAULO
2021

CONTRACORRENTE

Alameda Itu, 852 | 1º andar |
CEP 01421 002
www.loja-editoracontracorrente.com.br
contato@editoracontracorrente.com.br

EDITORES

Camila Almeida Janela Valim
Gustavo Marinho de Carvalho
Rafael Valim

EQUIPE EDITORIAL

Coordenação de projeto: Juliana Daglio
Revisão: Andressa Varonesi
Revisão técnica: João Machado
Diagramação: Pablo Madeira
Capa: Maikon Nery

EQUIPE DE APOIO

Fabiana Celli
Carla Vasconcellos
Fernando Pereira
Lais do Vale
Valéria Pucci
Regina Gomes

Dados Internacionais de Catalogação na Publicação (CIP)
(Câmara Brasileira do Livro, SP, Brasil)

Nobre Júnior, Edilson Pereira
O controle jurisdicional da função normativa das agências reguladoras / Edilson Pereira Nobre Júnior. -- São Paulo: Editora Contracorrente, 2021.
Bibliografia
ISBN 978-65-88470-63-3
1. Agências reguladoras 2. Democracia 3. Direito administrativo 4. Direito administrativo - Brasil 5. Sistema jurídico I. Título.

21-70853 CDU-35.071.3

Índices para catálogo sistemático:

1. Agências reguladoras : Direito administrativo 35.071.3

Maria Alice Ferreira - Bibliotecária - CRB-8/7964

@editoracontracorrente
Editora Contracorrente
@ContraEditora

Aos professores

Francisco Cavalcanti e Ivo Dantas, pelo exemplo de dedicação ao ensino do Direito.

Aurélio Boaviagem e Francisco Antônio de Barros Silva Neto, pela ajuda para que este instante se tornasse possível.

Germana Moraes, Fernando Scaff e Ricardo Perlingeiro, pelo exame crítico do trabalho.

A Cláudia, Ísis, Luana, Madalena, Mariângela e Marina, pelo auxílio de sempre.

SUMÁRIO

PREFÁCIO

Normalmente, os prefácios servem para apresentar o autor e com isso estabelecer um elo entre o leitor, o livro e aquele que o escreveu.

Não é o caso da obra que, com muito orgulho, prefácio, e isto, pelo menos, por dois motivos: a) seu autor, Edilson Pereira Nobre Junior, é, paralelamente à sua simplicidade como pessoa, um Magistrado Federal (Desembargador, 5ª Região) de ilibada honra, corajoso e culto; b) por sua incansável produção científica, sendo este apenas o mais recente, escrito para o fim de progressão para a classe de Professor Titular.

Neste segundo motivo encontra-se a personalidade do amigo Edilson Nobre: ao invés de aproveitar um critério que dispensava qualquer outro "documento" para progressão, resumindo-se à apresentação de um memorial que desenvolveria a "história" do professor (e só), mesmo que esse procedimento quebrasse uma tradição do ensino superior no Brasil, onde só o concurso era o caminho para se chegar a Professor Titular, com prova escrita, defesa de Tese, e análise de currículo; professor Edilson não se acomodou. Pelo contrário, apresentou como Tese (e não simples memorial!) texto que será "julgado" não como memorial, mas como Tese, no sentido estrito do termo.

Examinemo-lo.

De início vale destacar que o autor faz uso das análises de Direito Comparado, sobre o qual, após referir-se ao Direito como "experiência histórica", afirma que "a comparação jurídica se torna inevitável. De conseguinte, o Direito Comparado, a partir do cotejo das semelhanças e diferenças dos diversos ordenamentos, propõe-se à compreensão e ao aperfeiçoamento dos modelos jurídicos estatais". A seguir, destaca, citando Ivo Dantas, que não haverá "de se confundir o simples estudo do Direito Estrangeiro com a comparação jurídica".

Mesmo que ainda se tenha muito a dizer sobre o capítulo I, não o faremos, a fim de evitar um texto muito longo, além de deixar, propositadamente, que o leitor descubra o seu denso conteúdo.

Passemos ao capítulo II, no qual, com o mesmo olhar crítico e aprofundado, a obra se volta para "A regulação independente e o sistema jurídico", no qual desenvolve quatro pontos, a saber: 1. A regulação independente: como e por que regular? 2. O Estado brasileiro e a regulação independente. 3. A independência das agências reguladoras no Direito Pátrio e 4. Regulação independente e a democracia.

O autor, seguindo o raciocínio exposto no capítulo precedente, ou seja, defendendo a "Historicidade do Direito", e de seu vocabulário, escreve que

> as palavras variam de significado conforme o lugar e o tempo. A sua percepção se mostra diferente à medida que se altere o território ou setor, ou a época, na qual são empregadas. O mesmo sucede com as instituições e os modelos jurídicos, os quais não possuem uma medida pré-pronta para toda e qualquer situação. Antes configuram uma argila dúctil que se amolda aos traços culturais de uma sociedade e à transformação destes pelas injunções do porvir.

Depois de outras afirmações, é taxativo: "Com a afirmação do Estado de Direito, foi possível a sistematização do Direito Público, especialmente o Direito Constitucional e o Direito Administrativo", volta a insistir em que "não se pode prescindir de uma análise comparativa e evolutiva da posição do Estado frente à economia".

Demarcando em três fases da relação entre Estado e Economia, com base em Vital Moreira menciona os "modelos liberal, intervencionista e o regulador ou garante", após os quais trata da independência das agências reguladoras, das relações destas com o Esrado brasileiro e do seu concerto harmônico com a democracia.

Em cada um desses "momentos", é feito um levantamento constitucional, administrativo e legislativo dos diplomas que informam e fixam ideologicamente cada período, seguindo na evolução histórica até chegar "a independência das agências reguladoras no Direito Pátrio", cujo conteúdo é estudar o histórico do instrumento, o qual interessará profundamente aos historiadores do Direito Público brasileiro.

Já no primeiro parágrafo, informa o autor que "empregamos o termo independência e o fazemos porque tal vocábulo, na matéria, granjeou uma simpatia doutrinária, tanto que, pelo menos no continente europeu, adorna a denominação das entidades e organismos ali correspondentes".

No último item desse capítulo, o autor trata de um tema profundamente interessante e de debates cada dia mais radicais no seio dos estudiosos: "Regulação independente e democracia", podendo nos referir que "essa preocupação existente no direito europeu continental, é o que versa sobre questionamento do modelo regulatório independente diante do princípio democrático".

Depois de mencionar doutrinadores de escol, Edilson Nobre Junior apresenta os argumentos de Enrique García Llovet, Luis Alberto Pomed Sánchez e Celso Antônio Bandeira de Mello, para ao final escrever:

> Por isso, o questionamento é equacionado na síntese de Truchet: "As autoridades aqui estudadas não estão evidentemente independentes do Direito: como toda autoridade administrativas, estão submetidas ao princípio da legalidade, tal como o temos definido".

> Então o decisivo, para salvaguarda do princípio democrático, centra-se no modo do Parlamento exercitar sua competência no que concerne ao estudo dos reguladores, de sorte a, quando da disciplina da sua autonomia, e, especialmente quanto à estabilidade dos seus dirigentes, preservar sua independência em relação ao Poder Executivo, sem, contudo, fazê-lo de maneira tão ampla que enverede por torná-los irresponsáveis.

A vontade que tenho é continuar esta apresentação de forma pormenorizada como o fizemos até aqui. Contudo, vejo o tamanho deste texto, e, infelizmente, não tenho mais tanto espaço, razão pela qual faremos breves anotações, apenas afirmar que os capítulos III e IV têm conteúdo jurídico, o primeiro deles "Sobre a regulação independente e o seu controle judicial – noções gerais", e o segundo "A competência normativa das agências reguladoras e o seu controle judicial".

Vale chamar a atenção para o que escreve o autor, após fazer referência ao contencioso administrativo, tema que entre nós ensejou variados debates na doutrina nacional, em razão de sua previsão no texto do art. 111 da CF 67/69.

Assim, quando lhe preocupa saber se as agências reguladoras são passíveis de controle judicial, é taxativo ao responder de modo positivo, afirmando:

> a não adoção do modelo do contencioso administrativo, mas sim o dito da jurisdição única, tal como se tem com o art. 5º, XXXV, da Lei Maior, faz com que se desperte atenção para os seus limites. A atividade das agências, em face de sua propalada independência, faz com que se possa sugerir a impossibilidade de tal controle, assertiva que somente impressiona a um primeiro súbito de olhos.

Ato contínuo, o autor interpreta a legislação infraconstitucional, aplicando sua posição de ser no rol dos teóricos do Direito Administrativo. Não só. Sua vida profissional como Desembargador do Tribunal

Regional Federal da 5ª Região oferece ao leitor a oportunidade de embeber-se em trabalho primoroso.

Por estes motivos, sinto-me honrado pelo convite para fazer o prefácio da obra, o vejo como dispensável, pelo que o Dr. Edilson Nobre representa no mundo jurídico brasileiro.

Ivo Dantas

Professor Titular da Faculdade de Direito do Recife

Recife (PE), 19 de junho de 2020.

INTRODUÇÃO

> (...) o controle das faculdades discricionárias do Poder Executivo, e dos órgãos inferiores, por meio de outro poder independente da força política que dirige a Administração – como deve ser o Poder Judiciário – converte-se num postulado fundamental do "Estado de Direito", o qual visa a precisamente tutelar as pessoas perante as autoridades públicas.[1]

O Estado de Direito, bem como os seus arquétipos, não se constitui em algo perfeito e definitivamente acabado. Passa – num contínuo sem fim – por modificações, intensas e com duração no tempo. A evolução das constituições assim o demonstra.

Idêntico fenômeno sucede com a função administrativa, a qual, na tentativa de acompanhar as diretrizes indicadas pelo constituinte, busca legar dinâmica à atividade estatal. Assim, os modelos de administração passam por uma evolução que se pode igualmente dizer constante.

---

1 CASSAGNE, Juan Carlos. *Fragmentos de Derecho Administrativo:* entre la justicia, la economía y la política. Buenos Aires: Editorial Hamurabi, 2003, p. 74. "(...) el control de las facultades discrecionales del Poder Ejecutivo y de los órganos inferiores por medio de otro poder independiente de la fuerza política que dirige la Administración – como debe ser el Poder Judicial – se convierte en un postulado fundamental del llamado 'Estado de Derecho', que precisamente tiende a tutelar a las personas frente a los poderes públicos".

Superando os padrões liberal e intervencionista, o Estado regulador veio, desde a experiência norte-americana, expandindo-se, a partir da década de 1970, de modo a ser adotado pelos sistemas jurídicos do Direito europeu continental e, diante do avanço das privatizações na América Latina, igualmente para os correspondentes ordenamentos dos países que a integram.

O nosso ordenamento se inclinou à sua acolhida a partir de 1995, com o advento do Plano Diretor da Reforma do Aparelho do Estado, durante a gestão do Presidente Fernando Henrique Cardoso. A primeira agência reguladora foi a Agência Nacional de Energia Elétrica - ANEEL, instituída pela Lei nº 9.427, de 26 de dezembro de 1996, seguindo-se várias entidades da espécie no âmbito da Administração Federal e dos Estados.

Como é sabido, um modelo, muito embora se apresente irretocável em sua formatação teórica, não se evidencia capaz, só por só, para mudar os homens que o operam. Muito menos a moral destes. Por essa razão, despertam cuidados as disfunções regulatórias, em face da potencialidade danosa que pode resultar principalmente em desfavor dos usuários de serviços públicos e consumidores.

A isso se alia a escassa responsabilidade dos reguladores independentes frente ao Poder Executivo – em face da estabilidade dos mandatos dos seus dirigentes, nos termos da lei –, bem assim pela ausência de um controle mais intenso de sua atuação pelos Parlamentos e pela escassa visibilidade de sua atuação pela opinião pública.

Isso faz com que se torne indispensável um controle das decisões dos reguladores independentes por parte do Judiciário e, por conseguinte, a intenção de empreendermos o tratamento do assunto.

Para um melhor desenvolvimento do objetivo que se busca atingir, este texto não enfocará o exame judicial de todas as modalidades de atos das agências. Escolheu-se para enfoque aqueles decorrentes do exercício de sua função normativa (*rule making*), parcela sensível de competência que, diante da magnitude potencial de repercutir sobre a conduta daqueles que se encontram a integrar o setor regulado, ou que a este se achem vinculados por atuações específicas, há de despertar a cautela de seu exame pelos aplicadores do Direito.

A despeito do relevo dos modelos estrangeiros, principalmente quanto a uma perspectiva de aperfeiçoamento da nossa incipiente experiência com as agências reguladoras, a abordagem se guiará, principalmente, pela observância das características dos nossos padrões constitucionais, sem o desprezo das condições políticas, sociais e econômicas. Isso se impõe em virtude de que a legalidade – mais especialmente a vinculação às fontes jurídicas – é um conceito variável conforme a modelagem constitucional que lhe é própria.[2]

Na abordagem, dispersa nos capítulos que seguem, discorrer-se-á, inicialmente, sobre a performance que o Estado regulador vem alcançando nos sistemas jurídicos, para, em se perpassando sobre o seu conteúdo e sua contextualização no Direito Pátrio, bem como na necessidade do controle de suas decisões pelos juízes, aportar-se no exame da natureza da competência normativa das agências e, de conseguinte, no tratamento dos aspectos que consideramos os principais à sua investigação pelos tribunais.

Espera-se, com isso, trazer uma contribuição para o estudo do tema e, de logo, que esta não seja isenta de críticas, antes que as provoquem, pois, além da dúvida ser inerente à ciência, a recepção meramente cortês dos textos acadêmicos destrói, por completo, o seu pretenso laivo científico.

Assim se almeja.

---

2 A recomendação de Luís S. Cabral de Moncada cai qual uma luva, ao ensinar: "5. Parece claro que o significado do princípio da legalidade da administração depende em primeira mão da estrutura constitucional em que esteja inserido. Encara-se aqui o conceito de estrutura com o sentido que é usual dar-lhe nas ciências sociais, ou seja, como um todo de sentido que se infere a partir de dados parciais heterogêneos, em vez de traduzir um conjunto de relações invariáveis entre fenômenos homogêneos. É neste sentido que a noção de estrutura apresenta algum interesse do ponto de vista do direito público. Assim sendo, a legalidade administrativa varia de acordo com o conjunto heterogêneo das normas constitucionais" (MONCADA, Luís S. Cabral de. *Lei e regulamento*. Coimbra: Coimbra Editora, 2002, p. 13).

CAPÍTULO I

A REGULAÇÃO INDEPENDENTE NOS SISTEMAS JURÍDICOS

As instituições não são, portanto, unicamente o produto da vontade do legislador. Também são o fruto de um passado (ou, melhor, de muitos passados, constantemente reinterpretados) e o resultado de miscelâneas entre ordenamentos diversos, dentre os quais são frequentes as importações e exportações.[3]

1 – Os sistemas administrativos

O Direito é, inegavelmente, um fenômeno universal. Está presente em todos os Estados ou aglomerações humanas. Por isso, varia

3 CASSESE, Sabino. *Derecho Administrativo:* historia y futuro. Sevilha: Global Law Press, 2014, p. 24. "Las instituciones no son, por lo tanto, únicamente el producto de la voluntad del legislador. También son el fruto de un pasado (o, mejor, de muchos pasados, constantemente reinterpretados) y el resultado de mescolanzas entre ordenamentos diversos, entre los cuales son frecuentes las importaciones y exportaciones".

culturalmente, o que faz com que a sua exteriorização nos diversos sistemas jurídicos se diferencie.

Daí a compreensão das normas, para sua aplicação no cotidiano da vida gregária, mostrar-se insuficiente mediante uma análise isolada dos institutos tais quais positivados num determinado Estado.

A comparação jurídica se torna inevitável. De conseguinte, o direito comparado, a partir do cotejo das semelhanças e diferenças dos diversos ordenamentos, propõe-se à compreensão e ao aperfeiçoamento dos modelos jurídicos estatais.

Com carradas de acerto, Graciela Medina[4] indica ao Direito Comparado uma multiplicidade de funções, dentre as quais realça as seguintes: a) a de permitir o melhoramento das instituições de um determinado país; b) aprimorar o conhecimento do Direito Nacional; c) enriquecer o intercâmbio internacional, legando dinamismo na solução dos conflitos; d) propiciar a unificação das legislações por áreas.

Esse estudo – advirta-se – não haverá de se confundir com o simples estudo do Direito Estrangeiro, o qual é um antecedente para a comparação jurídica, mas, de longe, a esta não equivale. Este aspecto é enfatizado por Ivo Dantas.[5]

Necessário frisar que o estudo do Direito Comparado não se esgota no conhecimento das normas de um Estado. Vai muito além,

---

4 MEDINA, Graciela. *In*: ABERASTURY, Pedro (Coord.). *Estudios de derecho comparado*. Buenos Aires: Editorial Universitaria de Buenos Aires, 2016, pp. 38-44.

5 Observa o autor que, entre nós, mesmo em nível de pós-graduação, não há uma preocupação, no estudo do Direito Comparado, com análises de conteúdo epistemológico, com vistas ao enfrentamento de problemas de natureza metodológica, estacionando-se nas "descrições dos *sistemas constitucionais estrangeiros* enquanto livros e artigos sobre temas de Direito Constitucional quase sempre confundem o Direito Comparado com simples referências às *legislações estrangeiras*, previamente selecionadas. Em nenhuma das duas hipóteses, contudo, significa que estejamos *fazendo Direito Comparado*". *Teoria do processo e da história constitucionais:* uma análise epistemológica na perspectiva comparada. Curitiba: Instituto Memória, 2019, vol. 1, p. 48.

envolvendo também o conhecimento da sua cultura, da sua realidade político-social, das adversidades que o afligem e das soluções eleitas para resolvê-las.

Na busca de diferenças e traços comuns entre os sistemas jurídicos, vem assumindo elevada importância, principalmente para fins didáticos, uma classificação daqueles em famílias jurídicas, representativas da reunião de ordenamentos que manifestem entre si semelhanças, muito embora não se deva esquecer que não existem dois deles que se apresentem com identidade absoluta.

Uma das mais prestigiadas classificações é a esgrimida por René David,[6] englobando as famílias romano-germânica, do *common law*, dos direitos socialistas, dos direitos mulçumanos, hindu e judaico, do extremo oriente e do direito africano.

O até aqui exposto desperta interesse quanto ao Direito Administrativo. Este, consoante Cassese,[7] ostenta quatro critérios distintivos, consistindo numa ambígua relação de dependência e condicionamento com o Direito Constitucional, a sua vinculação com as tradições nacionais, sendo um produto da história de cada país, ter seu nascimento no século XIX e uma extensão diversificada conforme onde é estudado, de modo que o seu objeto não tem um valor geral ou universal.

Desperta atenção o último deles, pois é sabido que o exercício da função administrativa oscila conforme o tempo e o espaço. Daí o

---

6 DAVID, René. *Os grandes sistemas do direito contemporâneo.* Trad. Hermínio A. Carvalho. São Paulo: Martins Fontes, 1993, pp. 16-24. Anota o autor: "O agrupamento dos direitos em famílias é o meio próprio para facilitar, reduzindo-os a um número restrito de tipos, a apresentação e a compreensão dos diferentes direitos do mundo contemporâneo (...) A noção de 'família de direito' não corresponde a uma realidade biológica; recorre-se a ela unicamente para fins didáticos, valorizando as semelhanças e as diferenças que existem entre os diferentes direitos. Sendo assim, todas as classificações têm o seu mérito. Tudo depende do quadro em que se coloquem e da preocupação que, para uns e outros, seja dominante". DAVID, René. *Os grandes sistemas do direito contemporâneo.* São Paulo: Martins Fontes, 1993, p. 17.

7 DAVID, René. *Os grandes sistemas do direito contemporâneo.* Servilha: Global Law Press, 2014, pp. 24-26.

estudo do que se convencionou denominar de sistemas administrativos, empregado o substantivo com alcance mais amplo do que a um ordenamento nacional. Tem-se, na prática, algo equivalente ao cogitado pelo termo família jurídica, representando uma matriz jurígena estatal a qual produziu sensível influência a outros Estados, o que foi favorecido, quase sempre, por uma política colonizadora.

São eles os modelos francês ou europeu continental e inglês ou anglo-saxônico.[8] A despeito de desenvolvidos em contextos diversos, tais sistemas – como é natural – não se mostram estanques, de modo que, com o passar do tempo, é irrecusável o intercâmbio entre eles, notando-se a assimilação por um de uma parcela dos traços principais do outro.

Sistematização elaborada por Freitas do Amaral,[9] num apuro didático incontestável, além de, inicialmente, apontar traços comuns, tais como a consagração da separação de poderes e do Estado de Direito, põe em realce diferenças.

As distinções, por seu turno, dizem, basicamente, respeito à: a) organização administrativa, sendo a descentralização um traço peculiar do modelo inglês, enquanto os franceses optaram por padrão balizado pela disciplina e hierarquia, do qual resultou numa menor autonomia dos departamentos e comunas frente ao governo central;[10] b) diferen-

---

8 De fácil percepção uma similitude, em termos gerais, entre a família romano-germânica (*civil law*) e a do *Common Law*, não obstante o não frequente emprego da mesma terminologia pela doutrina.

9 AMARAL, Diogo Freitas do. *Curso de Direito Administrativo.* 2ª Ed. Coimbra: Livraria Almedina, 1998, vol. I, pp. 91-119. Análise substanciosa do assunto é encontradiça também em CAETANO, Marcelo. *Manual de Direito Administrativo.* 10ª Ed. Coimbra: Livraria Almedina, 1997, vol. I, pp. 17-41. Aqui o tema foi versado por: MELLO, Oswaldo Aranha Bandeira de. *Princípios Gerais de Direito Administrativo:* introdução. 3ª Ed. São Paulo: Malheiros Editores, 2007, vol. I, pp. 122-128; e por MEIRELLES, Hely Lopes. *Direito Administrativo Brasileiro.* 14ª Ed. São Paulo: Revista dos Tribunais, 1989, pp. 42-47.

10 Contudo, assiste-se desde a Primeira Guerra Mundial a uma tendência centralizadora no sistema inglês, representada pela importância assumida pelo *Treasury* nos anos 1920, bem assim pelo *government by commission*, mediante a instituição por lei, a partir

temente do sistema inglês, no francês tem-se o controle jurisdicional dos comportamentos da Administração exercitado perante órgãos não integrantes do Judiciário, os quais compõem a denominada jurisdição administrativa;[11] c) os franceses se inclinaram à formulação de um Direito próprio para a disciplina da Administração, assegurando a esta um modo especial de atuação, preocupação nas primícias não assimilada pelos ingleses, que se filiaram à aplicação do Direito Comum;[12] d) em princípio, mais amplas se mostraram as garantias jurisdicionais dos administrados para os britânicos do que para os mecanismos controladores de inspiração francesa, não obstante se mostre suscetível de destaque ponto de contato entre ambos os sistemas quanto aos limites para correção da competência discricionária.

O tempo, seja pelo influxo das ideias do Estado social, bem assim pelo gradativo reforço da globalização, implicou numa inevitável

---

de 1919, de órgãos com amplas atribuições, mas submetidos a controle ministerial. Igualmente, no plano da administração local, tal se verifica pela promulgação do código das autonomias locais, o que se tem com os *acts* de 1929 e 1933.

11 De se notar que, no século XX, assiste-se na Grã-Bretanha ao surgimento, desordenado, aliás, de organismos administrativos com atribuições jurisdicionais denominados *tribunals*, não se confundindo, porém, com os tribunais judiciais (*courts of law*), constituindo, na verdade, órgãos de uma justiça perante a Administração, de maneira que, seguindo um processo justo (*due process of law*), proferem decisões vinculando os administrados e os órgãos públicos, independente de homologação judicial. Suas decisões, porém, não possuem a natureza definitiva e imutável das proferidas pelos órgãos judiciais (coisa julgada), qualidade privativa do *judicial review of administration*. De qualquer modo, conforme assinala Freitas do Amaral, com tais organismos o distanciamento entre administração e justiça ficou reduzido. AMARAL, Freitas do. Curso de Direito Administrativo. 2ª Ed. Coimbra: Livraria Almedina, 1998, vol. I, p. 116.

12 No início da centúria passada, o modelo inglês sofre novos desenvolvimentos, principalmente derivados da influência da lição dos franceses, notando-se uma multiplicidade de leis e organizações administrativas. A necessidade de intervenção estatal sobre a economia e a sociedade impunha que assim fosse. Dessa forma, vários diplomas legais foram promulgados com capacidade de produzir reflexo na disciplina das relações entre a Administração e os particulares. Servem como exemplo, dentre alguns, o *Education Act* (1902), os *oldg age pension acts* (1908 e 1911), os *national insurance acts* (1911 e 1913), o *public bousing act*, o *bousing act* (1936) e *food and drugs act* (1938).

aproximação de ambos os sistemas, reduzindo suas diferenças e aumentando suas similitudes.[13]

Os traços da regulação independente nesses sistemas administrativos servirão de apoio para o exame de confronto com o modelo de regulação independente aqui praticado, mostrando-se fundamental para a formulação de parâmetros para o seu controle.

Assim, contribui-se para evitar o assíduo mau vezo das importações de entendimentos de forma acrítica e apressada, quase sempre inadequados à realidade, especialmente quando há de se ter em mente a circunstância, frequentemente esquecida, de que a comparação jurídica haverá de ser algo mais do que erudição jurídica, configurando um fator de orientação para soluções práticas ou culturais.

2 – A precedência do *Common Law*

Uma busca na História nos mostra que os povos vinculados ao *Common Law* se caracterizaram por uma forte preocupação quanto à preservação de sua liberdade, com ênfase especial à livre atuação no campo econômico.

---

13 Na atualidade, a transformação que se abateu à humanidade em face da globalização propiciou um entrelaçamento forte entre as várias famílias jurídicas, mediante o compartilhamento de institutos e influências, razão pela qual, até o presente instante, apenas se afigura possível se enxergar uma pretensão de pureza quanto aos direitos dos povos muçulmanos. De modo geral, é como diz Guiseppe Monateri: "Este mundo é de criaturas *híbridas*. As contaminações estão à ordem do dia. As experiências, os modelos puros são muito poucos numerosos e têm uma menor importância do que se acredita" ("Este mundo es uno de criaturas hibridas. Las contaminaciones están a la orden del día. Las experiencias puras, los modelos puros son muy poco numerosos y tienen una menor importancia de lo que se cree"). "MONATERI, Pier Guiseppe. Comparando las comparaciones. El problema de legitimidad cultural y el nomos del Derecho". *In*: GONZALES, Carlos Agurto; MAMANI, Sonia Lidia Quequejana (Coords.). *Los límites de la interpretación jurídica y el derecho comparado*. Trad. Luis Valderrama. Lima: Ara Editores, 2009, p. 115.

Isso tanto na Inglaterra, país de origem, quanto nos Estados Unidos, cujo sistema jurídico, inquestionavelmente, apresenta-se como o mais relevante no âmbito da mencionada família.[14] Prova disso está na sua contribuição para a afirmação do Estado de Direito, pois se, na revolução dos puritanos ingleses, predominou, no conjunto da reação ao rei, um questionamento dos privilégios para o exercício de atividades econômicas, na dos colonos norte-americanos se assistiu a uma insubmissão contra as leis intoleráveis (*intolerable acts*), promulgadas pelo Parlamento de Westminster, que, sem o seu consentimento, privavam-nos dos direitos de liberdade atribuídos ao homem britânico (*british man*).

Nos Estados Unidos, o exercício da liberdade de iniciativa fez com que se produzisse um crescimento econômico admirável e que alcançou o seu ápice na segunda metade do século XIX. Como não poderia deixar de se verificar num país de grandes dimensões territoriais, a importância da atividade de transporte para a economia acarretou enorme prestígio para o segmento ferroviário.

Bernard Schwartz[15] menciona que uma política pública de benevolente promoção e de subsídios, cujo patrocínio adveio tanto a nível federal quanto dos governos estaduais, fez com que a indústria das estradas de ferro obtivesse uma rápida expansão, notadamente durante o progresso industrial cada vez mais crescente que se produziu em seguida à Guerra Civil.

---

14 O pertencimento a uma mesma família não fez poupar que a doutrina apontasse diferenças substanciais de monta. Por exemplo: MEDINA, "La ensenãnza del Derecho Comparado". *In*: ABERASTURY, Pedro (Coord.). *Estudios de derecho comparado*. Buenos Aires: Editorial Universitaria de Buenos Aires, 2016, p. 46. Recomenda que se atente para a circunstância de que os Estados Unidos, no campo do Direito Público, possuem um sistema constitucional que se apoia num documento escrito e um regime federal, enquanto que o direito inglês, além de não possuir uma constituição escrita, tampouco adota o federalismo. No plano dos contratos, afirma que os norte-americanos possuem os *restatements of law*, consistentes num conjunto de tratados sobre temas jurídicos destinados a informar os juízes e advogados sobre os princípios gerais do Direito Comum, o que inexiste para os ingleses.

15 SCHWARTZ, Bernard. *American administrative law*. 1ª Ed. Londres: Sir Isaac Pitman & Sons, 1950, pp. 1-5.

Nesse cenário, a generosidade da política estatal (União e Estados) de incentivo, desacompanhada de efetivas restrições disciplinares, fez surgir sérios abusos. Assim, aponta o autor que:

> A liberdade de interferência pública provocou a construção de ferrovias altamente especulativas, uma manipulação financeira irresponsável, uma guerra competitiva destruidora que resultou em monopólios, juntamente com tarifas flutuantes e discriminatórias.[16]

A reação foi pronta. Os indivíduos afetados – principalmente os agricultores do Médio Oeste, os quais dependiam dos vagões para o transporte de suas colheitas –, em se encontrando desamparados diante da inadequação dos remédios jurídicos disponíveis pelo *common law*, aglutinaram-se para formar um grande movimento (*Granger movement*), visando ao estabelecimento de um programa de regulação do setor ferroviário.

Daí o surgimento de uma primeira tentativa norte-americana voltada para o controle de uma atividade econômica, a qual se materializou pela criação, nos Estados-membros, de comissões regulatórias possuidoras da competência para a fixação de tarifas. Questionada a validade de tal interferência estatal diante dos direitos dos agentes econômicos, conforme o sistema constitucional norte-americano, a Suprema Corte se pronunciou pela afirmativa em precedente líder em *Munn v. Illinois* de 1877 (94 U.S. 113).

Contudo, em 1886, a Suprema Corte, em julgando *Wabash, St. Louis and Pacific Railway Co. v. Illinois* (118 U.S. 557), afirmou que um estatuto estadual, o qual se destinava a disciplinar as tarifas de transporte nos limites de um Estado-membro, seria inválido quando a hipótese cuidasse de comércio interestadual. Isso porque a regulação do comércio

---

16 "The freedom from public interference led to highly speculative railroad building, irresponsable financial manipulation, destructive competitive warfare resulting in monopolies, fluctuating and discriminatory rates" (SCHWARTZ, Bernard. American administrative law. 1ª Ed. Londres: Sir Isaac Pitman & Sons, 1950, p. 1).

cuja origem ou destino fosse além das fronteiras de um Estado se encontrava abrangida como matéria cujo tratamento competiria à União.

Com isso, a Suprema Corte forçou o Congresso a enfim tratar da matéria, de modo a concluir a tramitação de projeto de lei que nas suas dependências se encontrava há mais de uma década. Então, do desate do caso *Wabash* adveio promulgação do *Interstate Commerce Act* de 1887 e com este foi instituída a *Interstate Commerce Commission*.

Alguns autores,[17] com propriedade, para tanto apontam ainda uma causa decorrente do jogo de poder entre o Legislativo e o Executivo. De fato, não se pode negar a existência de uma crise política circunstancial, motivada por uma animosidade entre o Congresso, de maioria democrata, e o Presidente Harrison, eleito pelo Partido Republicano. Considerando-se que este possuía próximas vinculações com as empresas ferroviárias, a criação da *Interstate Commerce Commission*, com a tendência de alhear-se à influência presidencial, mais precisamente do Departamento do Interior, seria capaz de dificultar o estabelecimento de tarifas predatórias, propiciando a correção de condutas discriminatórias.

Mas, de qualquer maneira, não se deve esquecer – como faz Francisco Cavalcanti –[18] que o pioneirismo para a implantação do modelo foi favorecido pelo fato de, historicamente, verificar-se, no grande país da América do Norte, uma maior participação dos particulares nas atividades dos segmentos produtivos da economia, a ensejar, assim, uma necessidade de controle e disciplina das atividades econômicas de forma mais intensa, não somente no interesse direto dos usuários, mas, igualmente, com o propósito de se evitar abusos do poder econômico, ou pelo menos de minorá-los. O autor também reaviva que foi nos Estados Unidos que, originariamente, surgiu e alcançou desenvolvimento a proteção jurídica do consumidor, sendo o seu marco inicial *Act* de 1872.

17 Conferir o relato de GENTOT, Michel. *Les autorités administratives indépendantes*. 2ª Ed. Paris: Montchrestien, 1994, p. 21; e CORNEJO, Valentin Thury. *Juez y division de poderes hoy*. Buenos Aires: Ciudad Argentina, 2002, p. 349.

18 CAVALCANTI, Francisco. "A independência da função reguladora e os entes reguladores independentes". *Revista de Direito Administrativo*, vol. 219, jan./ mar. 2000.

Assinala Schwartz[19] que, por, no campo político, tratar-se a instituição da *Interstate Commerce Commission* de uma solução de compromisso, os seus resultados não se mostraram efetivos de imediato. O essencial, para esse fim, residia no fato de que as suas decisões não se tornavam obrigatórias, salvo o consenso dos interessados, havendo necessidade, de que aquela acorresse aos tribunais (*courts*) para obter uma ordem que determinasse o seu cumprimento.[20] Igualmente, não houve a delegação da competência para fixação de tarifas (*rate-making power*).

Esse estado de coisas – noticia o autor – conduziu a que, no início do século XX, novas incursões legislativas visassem a fortalecer e a aumentar as competências da *Commission*, sendo de se destacar o *Hepburn Act* de 1906, mediante o qual, finalmente, restou expressamente delegado àquela o poder-dever de fixar as tarifas aplicáveis, bem assim o de considerar injustas ou fora do razoável as existentes. O obstáculo para a efetividade de suas decisões foi removido, de sorte que passaram a ser, de logo, exequíveis, salvo a possibilidade de sua suspensão judicial, a pedido do interessado. A inovação do legislador foi decisiva para que

---

19 SCHWARTZ, Bernard. *American administrative law*. 1ª ed. Londres: Sir Isaac Pitman & Sons, 1950, pp. 3-5.

20 Eis o relato do autor: "A Lei Americana de 1887 foi, em geral, moldada para prevenir encargos excessivos e práticas discriminatórias por parte das ferrovias. A principal fragilidade do sistema de regulação criado por ela estava no fato de que as decisões da Comissão Interestadual de Comércio somente se tornavam imediatamente efetivas se voluntariamente obedecidas. Do contrário, apenas se tornariam exequíveis mediante a obtenção pela Comissão de uma decisão de um tribunal federal. O ônus de propor a ação era, portanto, da Comissão, de modo que as transportadoras se achavam livres para desconsiderar tais decisões, até que fossem confirmadas pelos tribunais" ("The American Act of 1887 was, in general, designed to prevent excessive charges and discriminatory practices on the part of the railroads. The chief weakness of the system of regulation set up by it lay in the fact that under it the orders of the Interstate Commerce Commission became effective immediately only if voluntarily obeyed. Otherwise, they were enforceable only through application by the Commission to a federal court for an injunction. The onus of taking legal action was thus placed on the Commission, and the carriers were free to disregard its orders unless and until they were sustained by the courts". SCHWARTZ, Bernard. *American administrative law*. 1ª Ed. Londres: Sir Isaac Pitman & Sons, 1950, p. 1. Tradução livre).

a *Interstate Commerce Commission* se transformasse num fator dominante no que concerne à atividade da indústria ferroviária.

O incremento da intervenção estatal na economia, verificado antes, durante e após a Primeira Guerra Mundial, propiciou a expansão cada vez mais aguçada do Direito Administrativo e, de conseguinte, a criação de novas agências, dentre as quais o *Federal Reserve System* (1913) e a *Federal Trade Commission* (1914), o que prosseguiu com *New Deal*, como foi o caso da *Securities and Exchange Commission* (1934), a *Federal Communication Commission* (1934) e o *National Labor Relations Board* (1935).[21]

Nas proximidades e durante o *New Deal* se assiste a um debate em torno do reflexo da influência presidencial sobre as agências, registrando-se, inicialmente em *Myers v. United States* (272, US, 52), de 1926, o entendimento de se mostrar indevido o assentimento do Congresso para a exoneração de um ocupante de um cargo elevado na hierarquia do serviço postal por contrariar a competência constitucional do Presidente da República e, consequentemente, a divisão de poderes.

O panorama parece ter se invertido, anos mais tarde (1935), com o desate de *Humphrey Executor v. United States* (295, US, 602), ao se entender indevida a postura presidencial em exonerar dirigente da *Federal Trade Commission*, ao argumento de que a lei que instituiu a entidade limitara o exercício de tal competência para as situações que taxativamente estabeleceu.

Tais disputas – mediante as quais se permitia entrever um cenário de maior ou menor independência de ditos entes perante os poderes públicos, especialmente o Executivo –, adornavam o cenário presente ao instante da promulgação, por parte do Presidente Truman, no dia 11 de junho de 1946, da *Federal Administrative Procedure Act*.

---

21 A expansão do modelo no âmbito da União não eliminou a sua prática nas unidades federadas. A resenha jurisprudencial da Suprema Corte registra o julgamento, no ano de 1934, de *Nebbia v. New York* (291, U.S., 502), no qual se discutia justamente a constitucionalidade da lei do referido Estado-membro, a qual criou uma comissão reguladora do comércio do leite, inclinando-se o tribunal pela afirmativa.

O diploma legal, inaugurando uma nova era para o Direito Administrativo norte-americano, consolidou o arquétipo das agências. Tanto é assim que praticamente equiparou a significação destas à definição da própria função administrativa. Basta ver, portanto, que o Capítulo 5, Subcapítulo II, Seção 551, n. 1, do APA,[22] dispõe que "agência significa toda autoridade do Governo dos Estados Unidos", excluindo-se o Congresso, os tribunais, os governos dos territórios, o governo do Distrito de Columbia, tribunais de guerra e autoridades militares.[23]

Na atualidade, às agências incumbe o controle dos mais diversos e variados setores da vida econômica e social americana, tais como a política monetária, o mercado de capitais, a defesa da concorrência, as relações de emprego, a utilização da energia nuclear, as atividades de comunicação, a imigração, o meio ambiente, o controle do financiamento

---

22 APA é abreviatura de *Administrative Procedure Act* (Lei de Procedimento Administrativo), a qual será empregada, com assiduidade, no curso do texto.

23 O preceito possui a redação seguinte: "Para os fins deste subcapítulo: (1) "agência" significa toda autoridade do Governo dos Estados Unidos, quer se esteja ou não sujeita à supervisão de outra agência, mas não inclui (A) o Congresso; (B) os tribunais dos Estados Unidos; (C) os governos dos territórios e possessões dos Estados Unidos; (D) o governo do Distrito de Columbia, exceto quanto às exigências da seção 552 deste título; (E) agências compostas por representantes das partes ou por representantes das organizações das partes nos litígios nos quais estejam envolvidos; (F) cortes marciais e comissões militares; (G) autoridades militares no campo de operações em tempo de guerra ou em território ocupado ou (H) funções conferidas pelas seções 1738, 1739, 1743, e 1744 do título 12; subcapítulos II do capítulo 471 do título 49; ou seções 1884, 1891-1902, e a antiga seção 1641(b) (2), do título 50, apêndice. (For the purpose of this subchapter (1) "agency" means each authority of the Government of the United States, whether or not it is within or subject to review by another agency, but does not include (A) the Congress; (B) the courts of the United States; (C) the governments of the territories or possessions of the United States; (D) the government of the District of Columbia; or except as to the requirements of section 552 of this title; (E) agencies composed of representatives of the parties or of representatives of organizations of the parties to the disputes determined by them; (F) courts martial and military commissions; (G) military authority exercised in the field in time of war or in occupied territory or (H) functions conferred by sections 1738, 1739, 1743, and 1744 of title 12; subchapter II of chapter 471 of title 49; or sections 1884, 1891-1902, and former section 1641(b) (2), of title 50, appendix). Disponível em: www.law.cornell.edu. Acesso em: 25 jun. 2019.

das campanhas eleitorais e as atividades espaciais, sendo representativas dos dois últimos a *Federal Election Commision* (FEC) e a *National Aeronautics and Space Administration* (NASA).

Não perder de vista, igualmente, a distinção envolvendo as *independent agencies* e as *executive agencies*, balizada em conformidade com o grau de autonomia que, por força do respectivo estatuto, é conferido à entidade frente ao Poder Executivo.

Com relação às primeiras, além da limitação da possibilidade de dispensa dos seus dirigentes, há a atribuição, por previsão legal, de competência para a elaboração de atos de natureza normativa (*rule making*).[24]

De notar que, ao lado da competência normativa, destaca-se nas agências independentes o que se denomina de *adjudication*, consistente no procedimento que deságua na tomada de decisões que solucionam situações concretas, envolvendo possíveis conflitos de interesse entre as agências e os administrados ou entre estes.[25]

A independência das agências, conforme se pode ver desde o seu nascimento até os tempos hodiernos, vem sendo modulada à medida dos embates frente aos Poderes Públicos, notando-se, nas últimas décadas, uma ampliação dos controles destes sobre as atividades daquelas.

---

24 Consoante Capítulo 5, Subcapítulo II, Seção 551, n. 5, do APA, tem-se o conceito que segue: "(5) elaboração de normas significa a disciplina do procedimento da agência para elaboração, alteração, ou revogação, de uma norma" ("rule making" means agency process for formulating, amending, or repealing a rule. Disponível em: www.law.cornell.edu. Acesso em: 25 jul. 2019.

25 Por isso, no já mencionado Capítulo 5, Subcapítulo II, Seção 551, n. 6 e 7, do APA, as definições articuladas de: (6) "'decisão' significa a totalidade ou parte de uma disposição final, de natureza afirmativa, negativa, liminar ou declaratória, de uma agência, em matéria não normativa, mas que inclua os licenciamentos". [(6) "'order' means the whole or a part of a final disposition, whether affirmative, negative, injunctive, or declaratory in form, of na agency in a matter other than rule making but including licensing"]. (7) "'adjudicação' significa procedimento de uma agência para a tomada de uma decisão". [(7) "'adjudication' means agency process for the formulation of na order"]. Disponível em: www.law.cornell.edu. Acesso em: 31.08.2021

Exemplo consiste na fiscalização financeira e orçamentária através do *Office of Management and Budget* (OMB), vinculada ao Presidente da República, a qual, iniciada por Nixon em 1971, prosseguiu sob Ford e Carter até se intensificar na gestão Reagan, o qual, para tanto, editou as Ordens Executivas de 17 de fevereiro de 1981 e de 04 de janeiro de 1984.[26]

O mesmo veio a suceder com iniciativa de Clinton, mas noutra direção. Tratou-se da edição das Ordens Executivas de 11 e 30 de setembro de 1993, mediante a qual foi conferida competência ao Vice--presidente para supervisionar a formulação de regulamentos por parte das agências (*Regulatory Planning and Review*).

Ainda no âmbito do *common law*, a adoção como padrão institucional, à semelhança dos Estados Unidos, de organismos públicos dotados de autonomia perante o governo, tais quais as agências norte-americanas, sucedeu, com anterioridade, no Reino Unido, mediante o *Board System*, prática que recua aos séculos XVI e XVII.[27] A cultura administrativa não centralizadora (self government) concorreu para tanto.

O desenvolvimento da prática descentralizadora, iniciada com os *Boards*, dá lugar, na segunda metade da centúria que findou, ao

---

26 As tentativas de intensificação do controle sobre as autonomias regulatórias das agências norte-americanas, principalmente por parte do Executivo, mas também pelo Legislativo, ocupou bastante a atenção da doutrina, especialmente a europeia, a saber: PORRAS, Eloísa Carbonell. *Agencias y procedimiento administrativo nos Estados Unidos de América.* Madri: Marcial Pons, 1996, pp. 33-47; GENTOT, Michel. *Les autorités administratives indépendantes.* 2ª Ed. Paris: Montchestien, 1994, p. 23; SÁNCHEZ, Luis Alberto Pomed. "Fundamento y naturaleza jurídica de las administraciones independientes". *Revista de Administración Pública,* número 132, pp. 128-133, set./dez. 1993. e LLOVET, Enrique García ("Autoridades administrativas independientes y Estado de Derecho". *Revista de Administración Pública,* n. 131, maio/agosto de 1993, pp. 81-83).

27 A esse respeito, conferir João Nuno Calvão da Silva. *Agências de regulação na União Europeia.* Coimbra: GESTLEGAL, 2017, p. 554. e Julie Macleavy (*The Quanto debate.* Londres: Research Publications Officer, 2005, p. 8). Esta, à guisa de amostra, aponta os *Commissioners of Bankruptcy* (1570), o *Bank of England* (1694) e o British Museum (1753).

surgimento dos *quangos*, sendo de notar crescente transferência das tarefas governamentais em favor de tais entidades a partir da década de 1970.

Quangos, na verdade, não se trata de um nome, mas da abreviatura do conjunto das palavras *quasi-autonomous non-governmental organizations*. São também conhecidos como *Non-Departmental Public Bodies* (NDPBs) e como *Extra Governmental Organisations* (EGOs).

Segundo Julie Macleavy:

Por definição, *Quangos* têm um papel no exercício do governo, mas não são departamentos governamentais ou mesmo subseções dos departamentos governamentais: eles são agências do governo que operam num maior ou menor distanciamento dos Ministros.[28]

Assim, em se partindo de uma conceituação um tanto quanto imprecisa, pode-se afirmar que seriam instituições criadas pelo Poder Público, de mais de uma maneira (carta real, lei ou decisão ministerial), para desempenhar uma função que o governo pretende ver realizada sem que esteja sob a responsabilidade direta de um ministro ou ministério.[29]

Variam, no dizer de Julie Macleavy,[30] conforme tamanho, função e objetivo, tendo sido classificados com base em quatro critérios, dos quais surgem, numa correspondência, quatro modalidades distintas.

---

28 "By definition, quangos have a role in the practice of government, but are not government departments or even sub-sections of government departments: they are agencies of government that operate to a greater or lesser extent at arm's-length from Ministers". MACLEAVY, Julie. *The Quanto debate*. Londres: Research Publications Officer, 2005, p. 7.

29 Em nossa literatura jurídica, MELO, Cristine Andrade. *As organizações sociais e as Quasi autonomous non governamental organizations (Quangos) da Grã-Bretanha:* uma fuga para o direito privado?. Revista do Tribunal de Contas do Estado de Minas Gerais, ano XXIX, vol. 79, abr./jun. 2011, pp. 65-66, 69, 79,81-82; aponta para os *quangos* o embrião das organizações sociais cuja disciplina adveio com a Lei 9.637/98.

30 *Loc. cit.* Acresce a autora que o estabelecimento de tais entidades visou ao atendimento de vários objetivos, a saber: a) permitir que se pusesse a discussão de uma variedade de questões sensíveis à distância da política partidária, protegendo de pressões políticas diretas instituições como a BBC, a *Commission for Racial Equality*, ou a *Health and Safety Executive*; b) selecionar especialistas para o serviço público de uma forma

Inicialmente, têm-se os *Executive NDPBs*, que, instituídos mediante estatuto, podem realizar funções administrativas, regulatórias e comerciais. Possuem quadro de pessoal e orçamentos próprios.

Outra categoria é a dos *Advisory NDPBs*, responsáveis por fornecer aconselhamentos independentes e especializados para os ministros em matérias do interesse de atuação destes. Não possuem quadro de pessoal, mas recebem o apoio dos servidores dos departamentos que auxiliam. Normalmente, não possuem orçamento próprio, sendo os custos decorrentes de sua atividade suportados pelos ministérios que assessoram.

Há também os *Tribunals*. Exercitam função jurisdicional, de caráter não definitivo, em campos especializados do direito. Grosso modo, o quadro de pessoal de apoio emana do departamento auxiliado e, igualmente, não têm seus próprios orçamentos. Há dois tipos deles, quais sejam os que possuem associados permanentes e aqueles cujo número de membros é variável.

Finalmente, há os *Boards of Visitors*, os quais são denominados os vigilantes (*watchdogs*) do sistema prisional, tocando-lhes o dever de verificar acerca do estado das prisões, sua administração e o tratamento dos prisioneiros. O departamento ao qual auxilia atende às suas despesas.

A independência de tais organismos visa ao isolamento das atividades de formulação de políticas públicas da influência da política partidária. Por isso, ainda no dizer de Julie Macleavy,[31] os *quangos* de-

---

mais equilibrada no que concerne a gênero, etinia e outras minorias; c) enfocar sua atividade em áreas de assuntos singulares, podendo atender diretamente às iniciativas políticas dos ministérios, intermediando a elaboração das políticas de prestação de serviços locais; d) permitir que os funcionários públicos seniores, que tendem a ser generalistas, transfiram as questões práticas das prestações dos serviços públicos ao setor privado e aos órgãos públicos, acarretando a redução dos recursos despendidos pelos departamentos governamentais; e) permitir que ministros e burocratas seniores assimilem a ideologia do mercado privado, a qual se acredita ser mais eficiente, responsiva e inovadora do que a prestação de serviço público. MACLEAVY, Julie. *The Quango debate*. Londres: Research Publications Officer, 2005, p. 8.

31 MACLEAVY, Julie. *The Quango debate*. Londres: Research Publications Officer, 2005, p. 15.

vem atuar como órgãos amplamente isolados dos objetivos da política parlamentar, tal qual uma zona de amortecimento (*buffer zone*) entre as esferas da elaboração das políticas e a da sua realização.

No entanto, nem sempre é assim, pois, ao lado daqueles, cuja estrutura organizacional é delineada adequadamente para proteção contra a interferência política, como sucede com a BBC, há alguns cuja atividade se manifesta como um serviço realizado diretamente pelo Governo. Assim ocorre, porque, não conferindo uma independência completa ao *quangos*, ao Governo remanesce a possibilidade de interferir sobre a sua atividade, podendo suplantar suas decisões ou revogá-las.

A reforma de maio de 1997, sob o Governo Major, voltou-se a resolver o problema, enfocando, dentre os temas principais, a questão das nomeações dos dirigentes dos mencionados organismos, mas não se evidenciou completamente satisfatória.[32] Dela sobreveio a instituição do cargo de Comissário para Nomeações Públicas (*Commissioner for Public Appointments - CPA*), a promulgação de um Código para de Práticas para Nomeações Públicas (*Code of Practice for Public Appointments*), seguido pela institucionalização, no ano de 2008, de um sistema de audiências prévias às nomeações (*System of pre-appointment hearings*).

Razões dessa ordem fazem com que a doutrina se divida sobre os *quangos* representarem, ao modo das agências norte-americanas, um modelo singular de estrutura e de organização administrativa.

Daí Enrique García Llovet[33] contestar a afirmação de que o padrão britânico tenha servido de inspiração à instituição das autoridades administrativas independentes na Europa, principalmente na França. Sustém o autor que, ao contrário das agências americanas, as quais representam uma derrogação ao modelo das relações entre os Poderes Públicos e o sistema administrativo, assim não ocorre no Reino Unido, onde, além

---

32 Um dos efeitos da reforma recaiu na diminuição do número de *Public Bodies*, que passou de 1198 em 1997 para 849 em 2003, com redução para 766 em 2009.

33 LLOVET, Enrique García. "Autoridades administrativas independentes y Estado de Derecho". *Revista de Administración Pública*, n. 131, mai./ago. 1993, pp. 84-85.

do excessivo número de órgãos, um ministério não existe para administrar, mas sim para coordenar as atividades dos *quangos*, motivo pelo qual o critério orgânico, de separação de um ramo da Administração da dependência direta do Governo, bem assim o teleológico funcional, da regulação de uma atividade especial e sensível, não pôde encontrar aplicação, de sorte que aqueles nada têm de extraordinariamente inovador.

Percepção manifestamente contrária é a de Santamaría Pastor, para quem a presença, no Reino Unido, dos organismos coloquialmente denominados *quangos* representa

> "a forma normal e usual de se organizar a Administração da Coroa, cuja estrutura departamental centralizada é muito reduzida, e, na qual, múltiplas funções são encomendadas a estes organismos, regidos não por funcionários nem políticos, mas sim por profissionais de indiscutido prestígio que, precisamente por estarem *au-dessus de la mêlée*, asseguram um desempenho neutro, tecnicamente ortodoxo e alheio às conveniências de um partido das citadas funções".[34]

3 – Uma inevitável adesão

A sociedade, provavelmente a partir da segunda metade do século XX, foi atingida por mudanças consideráveis. Estas, consoante Michel

---

34 "la forma normal y usual de organizarse la Administración de la Corona, cuya estructura departamental centralizada es muy reducida, y en la que múltiples funciones se encomiendan a estos organismos, regidos no por funcionarios ni políticos, sino por profesionales de indiscutido prestigio que, precisamente por hallarse *au dessus de la melée*, aseguran un desempeño neutral, técnicamente ortodoxo y ajeno a las conveniencias de partido de las citadas funciones" (PASTOR, Juan Alfonso Santamaría. *Princípios de derecho administrativo*. 4ª Ed. Madri: editorial Centro de Estudios Ramón Areces, vol. I, 2002, p. 664).

Gentot,[35] teriam consistido no grande desenvolvimento dos sistemas de tratamento informatizado de dados, no crescimento dos sistemas de comunicação e informação, o qual desaguou em progressos técnicos e alterações culturais, e na internacionalização das transações financeiras, a demonstrar a natureza instantânea dos operadores, revelando a decrepitude das instituições encarregadas da fiscalização dos mercados.

Essa nova realidade, no dizer do autor,[36] encontrou na Europa continental uma estrutura administrativa ultrapassada, o que forçou a

---

35 GENTOT, Michel. *Les autorités administratives indépendantes.* 2ª Ed. Paris: Montchestien, 1994, pp. 38-40.

36 Eis, transcrita, uma fração do relato do autor: "A administração 'clássica' está longe de ser incapaz de gerir a mudança e de se adaptar às inovações; sua estrutura, fundada sobre uma especialização de tarefas, sobre uma hierarquização de competências e sobre controles rigorosos, o significado do interesse geral ainda interiorizado pela maior parte dos seus funcionários dá garantias aos administrados muito sólidas das quais, na verdade, eles nem sempre estão conscientes. Porém, essa administração é muito lenta, reage com atraso às inovações, tem dificuldade para organizar o diálogo com os cidadãos e os grupos de interesse; ainda prefere com maior assiduidade o segredo à transparência e também o sistema hierárquico que, se apresenta grandes vantagens, favorece, no entanto, a irresponsabilidade e entorpece o processo de tomada de decisões" ("L'administration 'classique' est loin d'être incapable de gérer le changement et de s'adapter aux novations; as structure, fondée sur une spécialisation des tâches, sur une hiérarchisation des compétences et sur controles rigoureux, le sens l'intéret general encore intériorisé par la plupart de ses fonctionnaires donnent aux administres de très solides garanties dont, à la vérité, ils ne sont pas toujours conscients. Mais cette administration est très lente, réagit avec retard aux innovations, a du mal à organiser le dialogue avec les citoyens et les groupements d'intérêts; elle prefere encore trop souvent le secret à la transparence et le systtème hiérarchique, qui présente de grands avantages, favorise cependant l'irresponsabilité et alourdit les processus de décisons". GENTOT, Michel. *Les autorités administratives indépendantes.* 2ª Ed. Paris: Montchestien, 1994, pp. 39-40). "(...) Enfim, a Administração tem, normalmente, uma concepção muito jurídica de seus poderes, o que, mesmo não sendo anormal num Estado de Direito, pode conduzir a iniquidades – os relatórios anuais do Mediador da República oferecem alguns exemplos. Ela freia de maneira temível, pela rigidez e inadequação de suas regras, as forças socioeconômicas que, embora necessitem ser enquadradas, apenas podem encontrar dinamismo e eficácia se não estiverem situadas num ambiente estatal muito restritivo" ("Enfin l'administration a en général une conception très juridique de ces pouvoirs, ce qui n'a rien d'anormal dans un État de droit, mais peut conduire à des iniquitès – les rapports annuels du Médiateur de la République

necessidade de busca à regulação independente, cujo desenvolvimento já se encontrava em operabilidade no Direito Administrativo de inspiração anglo-saxônica.

O pioneirismo no desenvolvimento da experiência importada tocou à França, podendo ser dividido em três períodos. O primeiro vai de 1941, com a criação da Comissão de Controle dos Bancos, até 1970. Nele se verificou também a instituição da Comissão Paritária de Publicação dos Veículos de Imprensa de 1950, seguido do Conselho Superior da Agência de Imprensa da França de 1957, juntamente com a Comissão de Operações em Bolsa de 1967. Assiste-se, em seguida, a uma intensificação da criação de tais órgãos, realçando-se a figura do Mediador (*Médiateur*) em 1973, da Comissão Nacional do Direito de Resposta e da Comissão da Qualidade do Rádio e da Televisão, ambas de 1975; no biênio de 1977 a 1978, das Comissões da Concorrência, da Comissão das Sondagens, da Comissão Nacional de Informática e das Liberdades, da Comissão das Cláusulas Abusivas e da Comissão de Acesso aos Documentos Administrativos e, entre 1982 e 1983, tem-se a criação de novas autoridades independentes, tais como a Alta Autoridade do Audiovisual, do Mediador do Cinema, da Comissão de Mercado de Futuros. Recentemente, são criadas novas autoridades administrativas independentes, quais sejam a Comissão Bancária de 1984, [37] o Conselho Superior do Audiovisual[38] e a Comissão de Transparência Financeira, ambas de 1988; da Comissão Nacional das Contas de Campanhas e dos Financiamentos Políticos de 1990, do Comitê de Avaliação das Pessoas Jurídicas de Direito Público de Caráter Científico, Cultural

---

en donnent multiples exemples. Elle freine de manière redoutable, par la rigiditè e l'inadaptation de ses regles, les forces socio-économiques qui on certes besoin d'être encadrées, mais ne peuvent trouver dynamisme et eficacitè que si elles ne son pas situées dans um environnement étatique trop contraignant". GENTOT, Michel. *Les autorités administratives indépendantes*. 2ª Ed. Paris: Montchestien, 1994, p. 40.)

37 Sucedeu a Comissão de controle de bancos criada em 1941.

38 Referido conselho veio a substituir a Comissão Nacional da Comunicação e das Liberdades que, por seu turno, foi criada aproximadamente dois anos antes com a extinção da Alta Autoridade do Audiovisual.

e Profissional, da Comissão de Controle dos Seguros e da Comissão Nacional de Controle das Interceptações de Segurança, estes em 1991.

Michel Gentot[39] sistematiza as características das autoridades administrativas francesas. Para tanto, expõe, resumidamente, o que diz serem suas características definidoras. Desse modo, tem-se que aquelas: a) têm por objeto a regulação de setores sensíveis, no sentido da proteção dos administrados; b) são órgãos públicos, desprovidos de atribuição jurisdicional; c) integram-se na personalidade jurídica do Estado, embora desenvolvam uma atividade de direção e de controle que se acha inserida na esfera de competência e de responsabilidade daquele; d) possuírem os seus membros independência e autonomia de gestão; e) submete-se a sua atividade unicamente a controle jurisdicional, ausência de controle hierárquico ou tutela; f) dispõem de competências variadas, compreendendo simples poderes de influência até repressivos.

Com criação mediante lei,[40] a independência de tais órgãos é assegurada pela investidura dos seus titulares mediante mandato, com duração determinada, havendo, igualmente, a previsão de incompatibilidades ou inelegibilidades.

No ano de 2017, como nos mostra Didier Truchet,[41] foram promulgadas as Leis Orgânicas n. 54 e n. 55 de 20 de janeiro, relativas às autoridades administrativas independentes e dispondo também sobre as autoridades públicas independentes, fazendo às vezes de estatuto geral sobre a matéria, juntamente com a menção àquelas que possuem tal qualidade, no total de 26.

---

39 GENTOT, Michel. *Les autorités administratives indépendantes*. 2ª Ed. Paris: Montchestien, 1994, p. 48.

40 Com a Lei Constitucional de 23 de julho de 2008, a qual acrescentou o art. 71-1 à Constituição de 1958, criando o Defensor dos Direitos, tem-se a única autoridade administrativa independente com previsão no texto constitucional. No entanto, em compasso com o §3º do preceito magno, compete à Lei Orgânica estabelecer suas competências, a organização de seus serviços e os procedimentos de suas decisões.

41 TRUCHET, Didier. *Droit administratif.* 7ª Ed. Paris: Presses Universitaires de France, 2017, pp. 91-92

As autoridades públicas independentes tiveram sua criação com a Lei de 01 de agosto de 2003, de segurança financeira, que instituiu a Autoridade dos Mercados Financeiros e a Autoridade de Controle dos Seguros e Mútuos. Sua singularidade, diante das autoridades administrativas, é a de possuírem, ao contrário destas, personalidade jurídica.

A Espanha também, desde a década de 1980, alinhou-se no rol dos países que consagraram a presença de uma regulação que escapasse aos parâmetros do Direito Administrativo tradicional. Isso ocorreu mediante a instituição de entes dotados de personalidade jurídica própria e não de órgãos, tal como no exemplo francês. Assim, surgiram o Ente Público Rádio Televisão Espanhola (*Ley* 4, 10 de janeiro de 1980), o Conselho de Segurança Nuclear (*Ley* 15, de 22 de abril de 1980), o Banco de Espanha (*Ley* 30, de 21 de junho de 1980), a Comissão Nacional do Mercado de Valores (*Ley* 24, de 28 de julho de 1988) e a Agência de Proteção de Dados (*Ley* n. 5, de 29 de outubro de 1992).

De logo, tem-se que, na Península Ibérica, é ressaltada outra causa para o surgimento das administrações independentes, além da necessidade de a Administração Pública acompanhar as mutações sociais decorrentes do veloz e intenso desenvolvimento tecnológico. Narra Santamaría Pastor[42] razão política, qual seja, por um lado, a manipulação pelos partidos, em proveito próprio, de algumas liberdades públicas com reflexo sobre a disputa eleitoral (principalmente a liberdade de informação, através da utilização a serviço partidário dos meios de comunicação públicos) e, por outro, a organização da intervenção sobre o setor produtivo com direcionamento a permitir a sua utilização em favor do partido que, no momento, exercia o poder. Ambas as disfunções, portanto, propugnaram a necessidade de se neutralizar politicamente as manifestações da atividade administrativa, confiando-a, em segmentos específicos, a instituições dotadas de independência perante o governo.

---

42 PASTOR, Juan Alfonso Santamaría. *Princípios de derecho administrativo*. 4ª Ed. Madri: Editorial Centro de Estudios Ramón Areces, vol. I, 2002, pp. 664-665.

Pomed Sánchez[43] visualizou nas administrações independentes espanholas sete características. São elas: a) o fim ou serviço cuja gestão se atribui ao ente institucional se compreende dentre as competências da pessoa política que o instituiu; b) o ente matriz e o ente instrumental formam um complexo unitário, de modo que há uma vinculação do segundo ao primeiro instrumentalizado pelo liame com um ministério; c) ao ente instrumental é conferida uma competência de direção, relativa às atividades regulatórias que lhe incumbe; d) possui o ente criado uma autonomia executiva, não lhes cabendo tecer valorações políticas sobre o serviço que regula; e) existência, por parte do ente instrumental, de uma autonomia patrimonial, manejando recursos públicos, o que lhe acarreta a sujeição a controle orçamentário-financeiro; f) a impossibilidade, nos termos da jurisprudência do contencioso administrativo, do ente instrumental em impugnar jurisdicionalmente os atos expedidos pelo ente político, o que foi alvo de críticas; h) a extinção do ente instrumental somente pode decorrer de deliberação do ente político.

Por sua vez, Santamaría Pastor,[44] com atenção voltada à independência dos entes administrativos autônomos, adverte que tal independe da atribuição de personalidade jurídica ou da submissão de sua atividade externa ao direito privado. Antes, deflui do estabelecimento de determinados instrumentos jurídicos, sendo três de índole fundamental.

Desse modo, alude, conforme ao nível de importância, à: a) fixação, por parte do legislador, de limitações formais para a designação e para a cessão da atuação dos integrantes de seus órgãos diretivos; b) atribuição de competências substantivas para a ordenação do setor regulado, não somente de natureza normativo-regulamentar, mas igualmente de autorização, inspeção e sancionadora; c) garantia de técnicas de autonomia medial, as quais permitem se alcançar um funcionamento independente da intervenção governamental, à medida que é assegurada à entidade

---

43 SANCHÉZ, Luis Alberto Pomed. "Fundamento y naturaleza jurídica de las administraciones independientes". *Revista de Administración Pública,* n. 132, set./dez. 1993. .

44 PASTOR, Juan Alfonso Santamaría. *Princípios de derecho administrativo*. 4ª Ed. Madri: Editorial Centro de Estudios Ramón Areces, vol. I, 2002, pp. 667-668.

a sua gestão interna, mediante competências de auto-organização, de gestão de pessoal e de disposição dos seus recursos patrimoniais.

O direito germânico não se mostrou alheio à tendência. Schmidt-Assmann[45] alude à existência da administração composta, tanto a nível federal quanto local, caracterizada pela existência de entidades separadas, libertas de sujeição hierárquica, representando uma tentativa de resposta adequada, sob o prisma da ciência da organização, aliado à complexidade de funções e interesses a que o Poder Público enfrenta na sociedade atual.

Na província da administração composta estão as unidades administrativas independentes (*Verselbständigte Verwaltungseinheiten*),[46] responsáveis por dar solução a novas necessidades sociais, as quais somente a partir de uma convivência estável e organizada com as forças e interesses determinantes em cada setor social, torna-se possível à Administração obter os conhecimentos necessários para realizar satisfatoriamente sua atuação.

Encaixam-se nessa modalidade – diz o autor –[47] os entes que desfrutam de autonomia funcional no campo da economia, da educação superior, dos serviços sociais e da seguridade social, mas naquela também estão contidos os órgãos aos quais se denomina "administração de mão comum" (*Kondominialverwaltung*). Estes se caracterizam pela composição colegiada, não submetida a instruções hierárquicas, nos quais participam expertos privados e representantes de interesses particulares, desempenhando funções diretivas em entes dotados de personalidade própria e que são encarregados de realizar prestações.

---

45 SCHMIDT-ASSMANN, Eberhard. *La teoría general del derecho administrativo como sistema*. Madri: Marcial Pons, 2003, pp. 270-279.

46 De utilidade ver as observações do encarregado pela tradução (SCHMIDT-ASSMANN, Eberhard. *La teoría general del derecho administrativo como sistema*. Madri: Marcial Pons, 2003, p. 273.), ao explicar como se chegou a um resultado à falta de significados precisos para o espanhol.

47 SCHMIDT-ASSMANN, Eberhard. *La teoría general del derecho administrativo como sistema*. Madri: Marcial Pons, 2003, pp. 276-277.

As razões que justificam a instituição de tais entidades ou órgãos se radicam na circunstância de que a imparcialidade é um pressuposto para uma atuação neutra, pelo fato de que muitas funções que aquelas exercem, por sua própria natureza, reclamam conhecimentos especiais científicos.

A despeito de se localizarem fora da margem da hierarquia administrativa, tais unidades se submetem ao princípio da legitimação democrática e, por isso, estão sujeitas à reserva da lei institucional. Dessa maneira, ao legislador não somente compete autorização a sua instituição, mas, acima de tudo, tem que disciplinar as questões inerentes à composição do órgão dirigente, bem como do procedimento de manifestação e de formação de sua vontade.

No sistema jurídico italiano, igualmente foram introduzidas figuras que se convencionou denominar de autoridade independente (*autoritá indipendenti*) ou garantes (*garanti*), os quais – afirmam Italia, Landi e Potenza[48] – constituem órgãos que agem para assegurar a imparcialidade no exercício de certas atividades ou para tutelar sujeitos ou categorias mais frágeis.

As principais amostras são a Autoridade Garante da Concorrência e do Mercado (*Legge* n. 287, de 10 de outubro de 1990), Autoridade de Regulação dos Serviços de Utilidade Pública (*Legge* n. 481, de 14 de novembro de 1990), o Garante para a Proteção dos Dados Pessoais (*Legge* n. 675, de 31 de dezembro de 1996), a Autoridade para a Garantia das Comunicações (*Legge* n. 249, de 31 de julho de 1997), o Garante do Contribuinte (*Legge* n. 212, de 27 de julho de 2000), a Autoridade para a Informática (*Legge* n. 116, de 23 de dezembro de 1997) e a Comissão Nacional para as Empresas e a Bolsa de Valores (*Legge* n. 281, de 04 de junho de 1985). A nomeação dos agentes respectivos é disciplinada pelas leis instituidoras, ora competindo ao Legislativo, ora ao Presidente da República, com submissão da indicação ao plácito do Conselho de Ministros.

---

48 ITALIA, Vittorio; LANDI, Guido; POTENZA, Giuseppe. *Manuale di diritto amministrativo*. 12ª Ed. Milão: Dott. A. Giuffrè Editore, 2000, p. 470.

Há também as agências (*agenzie*), entes personificados, dotados de autonomia, os quais operam em setores como o técnico-econômico, o do emprego público e o do ambiente. Podem ser elencadas a: a) ENEA (Ente para as Novas Tecnologias, a Energia e o Ambiente; *Legge* n. 36, de 30 de janeiro de 1996); b) ARAN (Agência para Representação Negocial; *Legge* n. 29, de 03 de fevereiro de 1993); c) ASI (Agência Espacial Italiana; *Legge* n. 186, de 30 de maio de 1988); d) ANPA (Agência Nacional para a Proteção do Ambiente; *Legge* n. 61, de 21 de janeiro de 1994).

O *Decreto Legislativo* n. 300, de 30 de julho de 1999, ainda vigente, a pretexto de estabelecer reforma administrativa, voltada, dentre outros objetivos, à simplificação da atividade administrativa, traçou normas gerais sobre as agências, nos seus arts. 5º a 8º.[49]

---

49 O art. 8º, parágrafos 1º e 2º, do referido diploma tem a redação seguinte: "Artigo 8º: O ordenamento. 1. As agências são estruturas que, nos termos previstos neste decreto legislativo, desenvolvem atividade de natureza técnico-operacional, fazendo-a no lugar dos ministérios e entes públicos. Elas operam no serviço das administrações públicas, compreendidas também aquelas regionais e locais. 2. As agências possuem plena autonomia nos limites estabelecidos pela lei, estando submetidas ao controle da Corte de Contas, de acordo com o art. 3º, §4º, da Lei n. 20, de 14 de janeiro de 1994. Estão submetidas às competências de orientação e de vigilância de um ministro, segundo as disposições do subsequente §4º, e segundo as disposições gerais ditadas pelo Artigo 3, §1º, e 14 do Decreto Legislativo n. 29 de 1993 e suas sucessivas modificações". ("Articolo 8 - l'ordinamento. 1. Le agenzie sono strutture che, secondo le previsioni del presente decreto legislativo, svolgono attivita' a carattere tecnico-operativo di interesse nazionale, in atto esercitate da ministeri ed enti pubblici. Esse operano al servizio delle amministrazioni pubbliche, comprese anche quelle regionali e locali. 2. Le agenzie hanno piena autonomia nei limiti stabiliti dalla legge e sono sottoposte al controllo della Corte dei conti, ai sensi dell'articolo 3, comma 4, della legge 14 gennaio 1994, n. 20. Esse sono sottoposte ai poteri di indirizzo e di vigilanza di un ministro secondo le disposizioni del successivo comma 4, e secondo le disposizioni generali dettate dagli articoli 3, comma 1, e 14 dei decreto legislativo n. 29 del 1993 e successive modificazioni". Disponível em: www.politicheagricole.it. Acesso em: 08 ago. 2019).

O fenômeno contagiou – como não poderia deixar de ser – o direito lusitano.[50] A esse respeito, Vital Moreira,[51] ao depois de desenvolver o conceito de administração autônoma, a envolver as dimensões da autodeterminação e da autorresponsabilidade, expõe que, nas últimas décadas, o quadro administrativo vem a ser consideravelmente perturbado pelo fenômeno da "administração independente", cuja nomenclatura adveio do similar francês "autoridades administrativas independentes".

Consoante afirma,[52] as administrações independentes são organismos criados pelo Estado, para realizar atividades administrativas que a este cabe, mas que as exercitam de forma isenta de subordinação e controle. Caracterizam-nas, fundamentalmente, a independência orgânica dos titulares dos seus órgãos, mediante a forma especial de sua investidura, incompatibilidades, mandato fixado e inamovibilidade durante este, juntamente com a independência funcional, consubstanciada na não submissão a ordens ou instruções, na ausência do controle de mérito ou da obrigatoriedade de prestar contas da decisão adotada, e a independência diante dos interesses envolvidos.[53]

---

50 Tal movimento – noticia João Confraria (CONFRARIA. "Falhas do Estado e regulação independente". *Revista de Concorrência e Regulação*, ano I, n. 3, set. 2010, p. 47) – tem seu início na década de 1990, manifestando-se inicialmente no setor de telecomunicações.

51 MOREIRA, Vital. *Administração autónoma e associações públicas*. Coimbra: Coimbra Editora, 2003, p. 126.

52 MOREIRA, Vital. *Administração autónoma e associações públicas*. Coimbra: Coimbra Editora, 2003, pp. 127-128.

53 O autor esclarece que, a despeito das administrações autônomas (coletividades territoriais, profissionais etc.) e independentes terem como traço comum a imunidade, ou, pelo menos, a amenização de seu liame perante o Governo, quanto aos motivos para tanto são divergentes, pois: "No caso da administração autônoma trata-se de substituir a legitimação democrática mediata e difusa, através do Governo, perante a comunidade nacional, por uma legitimidade democrática imediata específica, perante as comunidades locais ou sectoriais interessadas. No caso da administração independente trata-se de eliminar ou pelo menos moderar os mecanismos de responsabilidade democrática mediata e difusa perante o Governo, fazendo prevalecer as ideias de independência e imparcialidade ligadas à legitimação técnico-profissional" (MOREIRA, Vital. *Administração autónoma e associações públicas*. Coimbra: Coimbra Editora, 2003, pp. 136-137.).

Desenvolve-se a administração independente em setores que o legislador, pelos motivos que reputar relevantes, delibere por separá-los da Administração do Estado, confiando a sua regência à instância que, em tese, situa-se à margem da influência do governo.

A Constituição da República Portuguesa, a fim de evitar maiores questionamentos, principalmente diante da circunstância do seu texto disciplinar as linhas mestras que devem guiar a estruturação da Administração Pública, contém, a partir da quarta revisão (1997), com permanência até a última (2005), regra geral permissiva para a instituição dos entes administrativos independentes.[54] Por seu turno, a quarta revisão, ao modelar nova redação ao art. 35º, n. 2º,[55] reportou-se à previsão de ente regulador específico para a área de informática, o que, igualmente, mantém-se até o momento. E, como se não bastasse, a VI Revisão Constitucional de 2004, alterando o texto do art. 39 do mencionado diploma constitucional,[56] lançou ao legislador a tarefa de instituir uma autoridade independente para regular a comunicação social.

---

54 "Artigo 267º Estrutura da Administração (...) 3. A lei pode criar entidades administrativas independentes" Disponível em: www.parlamento.pt. Acesso em: 29 ago. 2019.

55 "Artigo 35º Utilização da informática (...) 2. A lei define o conceito de dados pessoais, bem como as condições aplicáveis ao seu tratamento automatizado, conexão, transmissão e utilização, e garante a sua proteção, designadamente através de entidade administrativa independente". Disponível em: www.parlamento.pt. Acesso em: 29.08.2019. A matéria se acha disciplinada com a Lei n. 43, de 18.08.2004, representativa do estatuto da Comissão Nacional de Proteção de Dados.

56 "Artigo 39º Regulação da comunicação social. 1. Cabe a uma entidade administrativa independente assegurar nos meios de comunicação social: a) O direito à informação e a liberdade de imprensa; b) A não concentração da titularidade dos meios de comunicação social; c) A independência perante o poder político e o poder económico; d) O respeito pelos direitos, liberdades e garantias pessoais; e) O respeito pelas normas reguladoras das atividades de comunicação social; f) A possibilidade de expressão e confronto das diversas correntes de opinião; g) O exercício dos direitos de antena, de resposta e de réplica política. 2. A lei define a composição, as competências, a organização e o funcionamento da entidade referida no número anterior, bem como o estatuto dos respetivos membros, designados pela Assembleia da República e por cooptação destes. Disponível em: www.parlamento.pt. Acesso em: 08.06.2020. A Lei n. 53, de 08.11.2005, instituiu a Entidade Reguladora para a Comunicação Social - ERC.

Em 28 de agosto de 2013, foi promulgada a Lei n. 67, com quarenta e nove artigos, a qual é a Lei Quadro das Entidades Reguladoras, em cujo Anexo (art. 4º) reconhece como tais nove entes que nomina.

À derradeira, cabem poucas palavras sobre a influência que a regulação independente parece ter produzido sobre o Direito da Comunidade Europeia. Se, por um lado é certo que, por força do princípio da subsidiariedade, competem aos Estados-membros a maioria das competências administrativas, inclusive no campo da regulação dos mercados e social, não se pode negar que, nalgumas situações, onde a atuação daqueles se manifeste insuficiente para alcançar o seu objetivo, mostra-se possível, na constatação de João Nuno Calvão,[57] a europeização de competências executivas. São, por exemplo, as situações referidas pelo art. 291 do Tratado sobre o Funcionamento da União Europeia, cuja versão consolidada é de 07.06.2016.[58]

Em casos que tais, apesar do papel central da Comissão Europeia, possível afirmar-se que, tal como nos Estados-membros, passou-se a justificar a iniciativa de instituição de agências também no âmbito da União Europeia por razões de reforço da necessidade da ação pública e de especialização técnica.

Assim, diz que "as agências surgem como elemento incontornável da actual dinâmica de regulação e de supervisão da União, institucionalizada

---

57 SILVA, João Nuno Calvão. *Agências de regulação na União Europeia*. Coimbra: GESTLEGAL, 2017, p. 40

58 "Artigo 291º 1. Os Estados-membros tomam todas as medidas de direito interno necessárias à execução dos actos juridicamente vinculativos da União. 2. Quando sejam necessárias condições uniformes de execução dos actos juridicamente vinculativos da União, estes conferirão competências de execução à Comissão ou, em casos específicos devidamente justificados e nos casos previstos nos artigos 24º e 26º do Tratado da União Europeia, ao Conselho. 3. Para efeitos do n. 2, o Parlamento Europeu e o Conselho, por meio de regulamentos adoptados de acordo com o processo legislativo ordinário, definem previamente as regras e princípios gerais relativos aos mecanismos de controlo que os Estados-Membros podem aplicar ao exercício das competências de execução pela Comissão. 4. No título dos actos de execução é inserida a expressão 'de execução'". Disponível em: www.eur-lex.europa-eu. Acesso em: 30 ago. 2019.

e centralizada".[59] Daí novos organismos, ditos agências, em setores tais como o das comunicações eletrônicas, energia, segurança aérea e de medicamentos.[60]

De acordo com o autor,[61] referidas agências, malgrado sua enorme diversidade desaconselhar uma busca de uniformidade, caracterizam-se pela: a) autonomia – orgânica e funcional – diante da Comissão, do Conselho e dos Estados-membros; b) criação pelo legislador comunitário; c) dispersão geográfica de suas sedes; d) estabilidade institucional; e) predominância dos representantes dos Estados-membros nos correspondentes conselhos dirigentes; e) personalidade reconhecida nos ordenamentos dos Estados-membros.

Ostentam ainda competências para a tomada de decisões de relevo, em razão das quais se lhes é permitido adotar, em situações emergenciais, comandos vinculantes para o seu cumprimento pelos reguladores nacionais, podendo, em caso de violação da legislação da União Europeia, dirigir-se diretamente a instituições financeiras nacionais, bem assim emitir resolução de litígios entre supervisores nacionais, caso as decisões para a composição destes não tenham sido atendidas.

A inclinação, ao que parece, manifesta-se por um maior crescimento da relevância de tais organismos no âmbito europeu.

---

59 SILVA, João Nuno Calvão. *Agências de regulação na União Europeia*. Coimbra: GESTLEGAL, 2017, p. 852.

60 A globalização também é considerada como uma das causas da regulação comunitária. ORTEGA, *Derecho administrativo económico*. 5ª Ed. Madri: Marcial Pons, 2009, p. 44, ao anotar que um dos problemas da onda globalizadora é a de que ainda não se criaram instituições capazes de suprir a resposta insuficiente que apresentam os Estados frágeis, afirma ser preciso uma regulação supranacional das consequências que aquela ensejou, salientando que a União Europeia é um exemplo, pois atende às novas circunstâncias com marcos regulatórios mais eficazes do que aqueles que poderiam implementar os Estados isoladamente.

61 SILVA, João Nuno Calvão. *Agências de regulação na União Europeia*. Coimbra: GESTLEGAL, 2017, p. 854-855 e 856.

CAPÍTULO II

A REGULAÇÃO INDEPENDENTE E O SISTEMA JURÍDICO BRASILEIRO

> O problema não é o de reiterar, de forma saturada e improdutiva, o slogan de mais ou menos Estado, mas o de legitimar novas formas e uma nova qualidade da actividade do Estado.[62]

1 – A regulação independente: como e por que regular?

As palavras variam de significado conforme o lugar e o tempo. A sua percepção se mostra diferente à medida que se altere o território ou setor, ou a época, na qual são empregadas. O mesmo sucede com

---

62 CANOTILHO, J. J. GOMES, "O Estado garantidor: claros-escuros de um conceito". *In*: NUNES, António José Avelãs; COUTINHO, Jacinto Nelson de Miranda (Coord.). *O Direito e o futuro:* o futuro do Direito. Coimbra: Almedina, 2008, p. 574.

as instituições e os modelos jurídicos, os quais não possuem uma medida pré-pronta para toda e qualquer situação. Antes, configuram uma argila dúctil que se amolda aos traços culturais de uma sociedade e à transformação destes pelas injunções do porvir.

Assim acontece com o vocábulo "regulação" que, no campo do Direito, mais precisamente do Direito Administrativo-econômico, ostenta uma carga semântica específica, encoberta no gênero "ato ou efeito de regular-se".

Perspicaz, a comparação desenvolvida por Juan Miguel de la Cuétera Martínez,[63] no sentido de que os reguladores, sejam físicos ou sociais, notabilizam-se por organizar e estabilizar a atuação de forças importantes mediante o uso de pequenos artifícios, tais como o termostato de uma calefação ou de um ferro elétrico.

Nesse diapasão, para o autor, o regulador social, de que é espécie o regulador econômico, visa a manter as poderosas forças que emergem do afã de lucro e da inovação tecnológica no encerro de certos limites, fazendo-o pela atuação sobre elementos concretos do mercado, de que é exemplo a fixação de preços de determinados bens ou serviços, a transparência de determinadas ofertas, algumas cláusulas contratuais obrigatórias, certas obrigações do serviço público etc.

Em resumo, para o autor, a regulação equivale a "abrir e fechar válvulas e orientar vetores ou, o que é o mesmo, em fixar quantidades, determinar preços, atribuir direitos etc., respondendo a interações do setor".[64]

---

63 MARTÍNEZ, Juan Miguel de la Cuétera. *In*: COSTA, Almeida; SOARES, Ehrhardt; NEVES, Castanheira; PORTO, Lopes; COSTA, Faria (Coord.). *Os caminhos da privatização da Administração Pública*. Boletim da Faculdade de Direito de Coimbra - *Studia Iuridica*, vol. 60. Coimbra: Coimbra Editora, 2001, p. 195.

64 "abrir y cerrar válvulas y orientar vectores o, lo que es lo mismo, en fijar cantidades, determinar precios, atribuir derechos etc, respondiendo a las interacciones del sector" (*loc. cit.*).

Outra proposta de definição é delineada por Juan Montero Pascual,[65] ao acentuar que a regulação se consubstancia na atividade administrativa de controle contínuo de um mercado, a ser concretizada mediante a imposição aos seus operadores de obrigações jurídicas proporcionais, com o propósito de interesse geral, conforme valoração realizada pela Administração num âmbito de discricionariedade extraordinária.

Enumera, a esse propósito, elementares, quais sejam: a) ser uma atividade da Administração, uma vez se desenrolar, no fundamental, mediante disposições e atos administrativos; b) a alteridade, pois pressupõe um regulador e um regulado; c) consistir numa atividade de controle das entidades reguladas, mediante a imposição de obrigações jurídicas a estas; d) a continuidade, tendo em vista que a intervenção não se produz de forma isolada no tempo, a demonstrar o seu caráter dinâmico; e) a atribuição pelo ordenamento de discricionariedade para a imposição de obrigações aos regulados.

Já Rivero Ortega,[66] em se socorrendo da definição constante do dicionário da Real Academia Espanhola – que não deixa de reputar insuficiente –, diz que a regulação remete a várias ideias, dentre as quais a de ajustar o funcionamento de um sistema a determinados fins ou de determinar as regras ou normas às quais deve se ajustar uma pessoa.

Logo em seguida, enxerga a existência de duas categorias, sendo uma delas a regulação econômica em sentido estrito, que se caracteriza por se refletir diretamente sobre o funcionamento do mercado (limitação do número de operadores, barreiras para entrada no mercado, fixação de preços etc.), diferenciando-se de uma regulação de caráter social, as quais, sendo exemplos uma proteção da saúde ou dos consumidores, também produzem efeitos econômicos consideráveis. Isso sem desconsiderar o inverso, ou seja, que as regulações tipicamente econômicas,

---

65 PASCUAL, Juan José Montero. "La actividad administrativa de regulación: definición y régimen jurídico". *Revista Digital de Derecho Administrativo*, n. 12, segundo semestre/2014, pp. 27-32.

66 ORTEGA, Ricardo Rivero. *Derecho administrativo económico*. 5ª Ed. Madri: Marcial Pons, 2009, p. 23.

como a da fixação de preços e a da limitação do número de empresas em determinado setor, costumam perseguir objetivos sociais, dentre os quais a garantia da universalidade no acesso aos serviços ou a garantia de sua prestação.

O liame – mais saliente do que uma distinção – entre regulação econômica e social é enfocado mais adiante pelo autor, expondo este que, num Estado Social e Democrático de Direito, toda regulação há de ser tanto econômica quanto social.[67]

A função reguladora – que, para alguns, assimila-se ao poder de polícia –[68] distingue-se da regulamentar e tal se verifica em face da sua abrangência, ou de uma maior amplitude do que esta, pois envolve outras competências, tais como a fiscalização, o exame de pedidos de licença ou autorização, a resolução de conflitos e imposição de sanções, dentre algumas.

---

67 Eis as palavras do autor: "Por isso, digo que toda regulação é econômica e social, ou, ao menos, deveria sê-lo num Estado Social e Democrático de Direito. Deveria ser econômica, no sentido de promover uma distribuição eficiente dos recursos, tendo em conta as externalidades e respeitando os legítimos direitos de propriedade. Também deveria ser social, pensando em favorecer o acesso do maior número de indivíduos àqueles bens e serviços que resultam essenciais para a vida e a integração na comunidade" ("Por eso digo que toda regulación es económica y social, o al menos debería serlo en un Estado Social y Democrático de Derecho. Debería ser económica, en el sentido de promover una distribución eficiente de los recursos, teniendo en cuenta las externalidades y respetando los legítimos derechos de propriedad. También debería ser social, pensando en favorecer el acceso del mayor número de indivíduos a aquellos bienes y servicios que resultan esenciales para la vida y la integración en la comunidad". ORTEGA, Ricardo Rivero. *Derecho administrativo económico.* 5ª Ed. Madri: Marcial Pons, 2009, p. 25-26.).

68 Essa percepção se encontra bem delineada por: SILVA, Almiro do Couto e. ("Administração Direta e as autarquias: autarquias especiais, agências reguladoras e agências executivas". *Conceitos fundamentais do Direito no Estado Constitucional.* São Paulo: Malheiros, 2015, p. 287), ao frisar confundir-se a regulação com o velho poder de polícia administrativo, no qual se encontram também as competências de fiscalização e controle, sendo comum que o legislador confira aos órgãos e entidades da Administração Pública o poder de polícia em termos muito amplos.

O modo de sua configuração não é estático. Sofre as injunções da passagem do tempo, a partir das modulações que são provocadas no jurídico pela complexidade e o desenvolvimento da vida coletiva.

Isso porque, com a afirmação do Estado de Direito, foi possível a sistematização do Direito Público, especialmente o Direito Constitucional e o Direito Administrativo.

Não por outra razão, Caio Tácito,[69] numa feliz observação ao constar a precedência da ordem constitucional sobre a administrativa, deixa claro que, enquanto a primeira configura o código do poder, definindo as funções que incumbe ao Estado, a segunda se traduz na materialização da ação prática e na efetividade das prestações estatais, sendo assim o Direito Público do cotidiano.

Desse modo, não se pode prescindir de uma análise comparativa e evolutiva da posição do Estado frente à economia. Assim o fez Vital Moreira,[70] demarcando-a em três fases equivalentes aos modelos liberal, intervencionista e o regulador ou garante.

O primeiro estádio se estendeu até o final do século XIX, sendo fortemente assinalado pela separação entre o Estado e a economia. Nele predominaram a liberdade econômica e a liberdade de empresa, limitando-se o papel estatal às tarefas de polícia e de salvaguarda dos quadros institucionais econômicos (direito de propriedade, liberdade de empresa etc.).[71]

---

69 TÁCITO, Caio. "Bases constitucionais do Direito Administrativo". *Revista de Direito Administrativo*, vol. 166, out./dez. 1986, pp. 37-38.

70 MOREIRA, Vital. "Serviço público e concorrência. A regulação do setor elétrico". *In*: COSTA, Almeida; SOARES, Ehrhardt; NEVES, Castanheira; PORTO, Lopes; COSTA, Faria (Coord.). *Os caminhos da privatização da Administração Pública*. Boletim da Faculdade de Direito de Coimbra - Studia Iuridica, vol. 60. Coimbra: Coimbra Editora, 2001, pp. 223-227.

71 Assinala SCAFF, *Responsabilidade do Estado intervencionista*. São Paulo: Saraiva, 1990, pp. 28-29, que, dentro dessa ideologia, ao Estado era permitido atuar sobre três aspectos: a) manutenção da ordem e da paz, ao nível de política externa, para que fosse internamente possível ocupar todo o tempo e todo o pessoal disponível com atividades propriamente econômicas; b) mantença da ordem interna, evitando-se

Já o segundo período – cujo auge se compreendeu entre o fim da primeira Guerra Mundial até o início da década de 1980 – foi nitidamente marcado pela intervenção do Estado na vida econômica, tanto diretamente, mediante a criação de empresas públicas, quanto pela orientação, controle e disciplina da economia privada, condicionando a liberdade de iniciativa e impondo um planejamento diretivo do conjunto da economia. Tem-se uma estrutura administrativa bastante extensa, inclusive em face da assunção de uma dimensão social destinada a prover as condições básicas de vida dos cidadãos.[72]

Ao depois, não se pode negar, com ênfase a partir da década 1970, que o alavancar extraordinário do desenvolvimento tecnológico, capaz de resultar inclusive no desfazimento fático das fronteiras entre os Estados, repercutindo na consolidação do processo histórico que se convencionou denominar de globalização,[73] forçou uma alteração no perfil estatal então em evidência.

---

as transgressões às leis estabelecidas pela burguesia, mediante o Parlamento eleito com base no voto censitário; c) garantia da segurança nas relações econômicas, com o objetivo de obter o cumprimento dos contratos tal como ajustados.

72 Assim bem expôs o autor: "No modelo intervencionista, o Estado não é somente empresário e planeador da economia, como responsável público pelo desempenho da economia (o 'Estado económico'). É também, e sobretudo, o 'Estado social', ou seja, o Estado que se encarrega de garantir a todos os seus cidadãos certas condições essenciais de vida e de bem-estar, desde a segurança social à educação, desde a proteção da saúde à habitação" (MOREIRA, Vital. "Serviço público e concorrência. A regulação do setor elétrico". *In*: *Os caminhos da privatização da Administração Pública.* Boletim da Faculdade de Direito de Coimbra - *Studia Iuridica*, vol. 60, p. 225).

73 BERCHOLC, *Temas de Teoría del Estado.* 2ª Ed. Buenos Aires: La Ley, 2015, pp. 356 e 358-360, assinala que, embora possa parecer algo original, em face da aceleração com que se houve a revolução tecnológica no campo das telecomunicações e informática, a globalização configura um processo histórico iniciado com a conquista da América e a ocupação europeia do Novo Mundo nos séculos XV e XVI, podendo-se, nos últimos cento e trinta anos, ser divido em etapas, a saber: a) o intervalo de 1870 a 1913, caracterizado por uma grande mobilidade de capitais e mão de obra, juntamente por um *boom* comercial propiciado pela redução do custo do transporte, sendo interrompido com a eclosão da Primeira Guerra Mundial; b) o período de 1945 a 1973, marcado pelo desenvolvimento de instituições internacionais de cooperação financeira e mercantil e pela expansão do comércio de manufaturas entre países desenvolvidos, nela se inserindo a crise do petróleo; c) o último

Tal – aduz Vital Moreira –[74] fez acarretar o surgimento do Estado regulador, também denominado de garante ou subsidiário, no qual se tem um retorno ao mercado, mediante a abdicação do Poder Público da condição de empresário, juntamente com a liberalização de segmentos cujo desempenho se encontrava sob o regime de exclusividade.

Três conceitos, ao sentir do autor, fazem-se básicos. Inicialmente, o de privatização, caracterizado pela alienação, por parte do Estado, de suas empresas ou do respectivo controle acionário. Noutro passo, há a liberalização, mediante a abertura da concorrência em ramos que se encontravam sob o regime de exclusividade. Finalmente, a desregulação, implicando eliminação ou redução das restrições ao ingresso no mercado, ou à atividade das empresas, permitindo, igualmente, uma maior concorrência.

---

quarto do século anterior consolida uma terceira fase, cujos principais traços são a gradual generalização do livre comércio, a crescente presença no cenário mundial de empresas transnacionais que funcionam como sistemas de produção integrados, a expansão e notável mobilidade de capitais, bem assim uma notável tendência à homogeneização dos modelos de desenvolvimento. Dela, no dizer do autor (*loc. cit.*, p. 356), emanam três efeitos de cunho centrípeto integrados, consubstanciados na: a) centralização política, da qual decorre a superposição de estruturas administrativas supranacionais, nacionais, e as tensões com os entes regionais e subestatais; b) homogeneização econômica, da qual sobressai a imposição de sua racionalidade, com o propósito de competitividade e eficácia na conquista de novos mercados e matérias-primas, substituindo as vias políticas clássicas de confronto em termos de alianças estatais e militares; c) homogeneização cultural, produto e consequência do processo globalizador em si, adquirindo forte articulação com a moderna tecnologia disponível nos meios de comunicação em massa. O estudo da globalização é um objetivo caro à Faculdade de Direito do Recife, conforme se manifesta no olhar crítico de Dantas (DANTAS, *Direito constitucional econômico: globalização & constitucionalismo*. Curitiba: Juruá, 1999), e Veiga (VEIGA, *Direito econômico: fundamentos, globalização, desglobalização, disfunção do Direito*. Recife: Nossa Editora, 2009).

74 MOREIRA, Vital. "Serviço público e concorrência. A regulação do setor elétrico". *In:* Coord.: COSTA, Almeida; SOARES, Ehrhardt; NEVES, Castanheira; PORTO, Lopes; COSTA, Faria. *Os caminhos da privatização da Administração Pública*. Boletim da Faculdade de Direito de Coimbra - Studia Iuridica, vol. 60. Coimbra: Coimbra Editora, 2001.

Ratificando-os, acrescenta Rivero Ortega[75] ainda a modernização administrativa, para que, em se renovando a Administração Pública, haja melhor êxito na busca da eficácia mediante um aparato administrativo que trabalhe melhor com menor gasto, ou seja, que racionalize o gasto a partir da seleção de novas formas de gestão.

Tais paradigmas fazem com que se reclame um novo modelo de regulação, que se almeja mais eficaz do que o modelo tradicional à época dos monopólios estatais.

Desse modo, sustenta Gaspar Ortiz[76] que, para que a regulação possa cumprir suas funções a contento, evidencia-se indispensável o estabelecimento de um novo tipo de regulador que congregue as características de independência política, legitimidade democrática e caráter técnico.

A esse respeito, assinala o autor que o Informe da Comissão Nacional do Sistema Elétrico, a propósito do anteprojeto que, posteriormente, resultou na Lei n. 54, de 27 de novembro de 1997, propugnou por: a) aumentar a profissionalização, especialização e continuidade no tempo dos reguladores; b) limitar a influência dos regulados sobre o regulador, tendo em vista a independência deste, seguido da instauração de um procedimento regrado no qual necessariamente intervêm vários organismos, tornando público o procedimento de decisão; c) aumentar a transparência do procedimento regulador.

Por isso, ressalta que o objetivo fundamental destas comissões é de despolitizar e racionalizar o exercício da regulação econômica, o que, para ser alcançado, deve visar à independência do regulador frente a toda possível manipulação do poder político.

---

75 ORTEGA, Ricardo Rivero. *Derecho administrativo económico*. 5ª Ed. Madri: Marcial Pons, 2009, p. 39.

76 ORTIZ, Gaspar Ariño. *Principios de derecho público económico* (Modelo de Estado, gestión pública e regulación económica). Granada: Editorial Comares, 2001, pp. 602-603.

Assim, enquanto na regulação prevalecente durante o Estado intervencionista, desenvolvida por agentes sob a dependência do Governo, mediante uma pauta de orientação política, a regulação dita independente tem o seu exercício confiado a entes ou autoridades com autonomia perante os atores governamentais, pautando-se pelo parâmetro da razão técnica.

Eis, de forma precisa, a síntese de Vital Moreira: "A racionalidade da regulação independente consiste na desgovernamentalização, despolitização e despartidarização da função reguladora, fazendo prevalecer os valores da imparcialidade, da tecnicidade e da previsibilidade".[77]

Daí espera-se o distanciamento entre o regulador e o Poder Público, bem como em face dos interesses regulados.

Ultimando o tópico, interessante se mostra apontar, descrevendo-os, os objetivos agrupados pela doutrina cujo desenvolvimento e consecução a contento devem ser buscados com a regulação independente.

Rivero Ortega[78] alude às conhecidas finalidades de oferecer respostas às falhas de mercado, à concorrência insuficiente, às externalidades negativas ou carências de informação. Estes problemas, quando culminam em resultados não aceitáveis, tais como os abusos ao consumidor, ou riscos ao meio ambiente, por exemplo, obrigam ao Estado e, especialmente, à Administração a lhes pôr limites.

Numa substanciosa síntese, Karlos Navarro e Miguel Ángel Sendín García[79] salientam que, mesmo golpeada a prestação de serviço

---

77 MOREIRA, Vital. "Serviço público e concorrência. A regulação do setor elétrico". In: Coord.: COSTA, Almeida; SOARES, Ehrhardt; NEVES, Castanheira; PORTO, Lopes; COSTA, Faria. *Os caminhos da privatização da Administração Pública*. Boletim da Faculdade de Direito de Coimbra - Studia Iuridica, vol. 60. Coimbra: Coimbra Editora, 2001.

78 ORTEGA, Ricardo Rivero. *Derecho administrativo económico*. 5ª Ed. Madri: Marcial Pons, 2009, p. 24.

79 NAVARRO, Karlos; GARCÍA, Miguel Ángel Sendín. "Los mercados regulados de servicios públicos". In: RUIZ, Jorge Fernandéz (Coord.). *Derecho administrativo global*. México - D. F.: Editorial Porrúa, 2013, pp. 577-578.

público pelo Estado em caráter de monopólio, a intervenção pública no mercado persiste imprescindível, operando-se pelo novo modelo regulatório, e tem duas finalidades dificilmente questionáveis, quais sejam: a) a necessidade de manter a concorrência, porque, uma vez liberada a atividade, a ausência de intervenção estatal que assim atue permitiria a substituição do monopolista público pelo monopolista privado; b) a salvaguarda dos interesses públicos que o mercado não está disposto a satisfazer, haja vista a existência de prestações que, por não se mostrarem rentáveis economicamente, ou por assim não serem nas condições demandadas pelo interesse coletivo, não seriam realizadas ou se realizariam em condições abaixo das almejadas pela sociedade.

Esclarecendo que a superação do Estado-interventor não implica regresso, puro e simples, ao *laissez-faire*, mas, antes, reclama um reforço na atividade regulatória estatal, Vital Moreira[80] enumera, de uma maneira sistemática e pormenorizada, um elenco de razões em função das quais a regulação se justifica.[81]

Assim, tem-se: a) a própria garantia dos mecanismos de mercado e da concorrência, pois, uma vez aquele deixado a si mesmo, poderá se mostrar suicida; b) aos limites e falhas do mercado, ou seja, às situações nas quais aquele não poderá operar por razões materiais, sendo o caso dos monopólios naturais, o que é frequente com as chamadas indústrias de rede; c) as externalidades negativas decorrentes da busca pelo lucro, tais como os custos sociais, os danos ambientais, os prejuízos para saúde

---

80 MOREIRA, Vital. "Serviço público e concorrência. A regulação do setor elétrico". *In:* Coord.: COSTA, Almeida; SOARES, Ehrhardt; NEVES, Castanheira; PORTO, Lopes; COSTA, Faria. *Os caminhos da privatização da Administração Pública*. Boletim da Faculdade de Direito de Coimbra - Studia Iuridica, vol. 60. Coimbra: Coimbra Editora, 2001.

81 Uma mesma percepção – e, ao mesmo tempo, preocupação – consta de CAVALCANTI, "Reflexões sobre o papel do Estado frente à atividade econômica". *Revista Trimestral de Direito Público*, n. 20, p. 73, 1997, ao ressaltar que, com a redução do papel do Estado como agente da atividade econômica, a função reguladora se torna mais relevante, para o fim de assegurar os princípios básicos, os direitos dos destinatários da atuação dos produtores de bens e serviços e também dos direitos coletivos e difusos.

e a segurança coletiva etc.; d) a necessidade de tutela dos consumidores na sua relação de troca desigual com os fornecedores; e) a garantia do cumprimento das obrigações de prestação do serviço público, as quais se encontram mantidas mesmo depois da privatização e da liberalização.

2 – O Estado brasileiro e a regulação independente

Aqui a inserção do modelo se mostra recente. Desde nossa independência, vivenciamos, embora de forma não inteiramente coincidente com os arquétipos norte-americanos e europeus, as três fases pelas quais se manifesta o Estado de Direito diante da economia.

Durante o Império e a nossa Primeira República nos filiamos, seja pela estrutura jurídica ou pela quase total dependência à economia agrária, ao perfil do Estado liberal.

Basta ver que a Constituição de 25 de março de 1824 – que se inseriu cronologicamente na fase das constituições outorgadas, mas que guardava forte influência liberal – limitava os direitos fundamentais (Título 8º, arts. 173 a 179) – que nomeava de direitos civis e políticos – à salvaguarda da liberdade e da propriedade, esta tida como garantida em toda sua plenitude (art. 179, XXII).

Não muito diferente o cenário nas primícias republicanas. O art. 72, §17, da Constituição promulgada em 24 de fevereiro de 1891, garantia, numa aproximada reprodução com o texto anterior, a plenitude do direito de propriedade, o que era reforçado pelo seu §25, assegurando o livre exercício de qualquer profissão moral, intelectual ou industrial.

Menção à intervenção estatal à economia praticamente se reduziam à competência do Congresso Nacional para legislar sobre o comércio exterior e interior, podendo autorizar limitações exigidas pelo bem público, assim como à criação de bancos de emissão de moeda e na sua disciplina (art. 34, 5º e 8º).[82]

De fato, a presença do Estado sobre e na economia é contemporânea da década de 1930, passando a ter atenção mais cuidadosa e densa pela Constituição de 16 de julho de 1934 (Título IV, arts. 115 a 143), pela Lei Constitucional outorgada em 10 de novembro de 1937 (arts. 135 a 155),[83] pela Constituição de 18 de setembro de 1946 (Título V,

82 Sobre nossa primeira constituição republicana não satisfazer a contento as aspirações de uma mais densa intervenção do Estado na economia, acentuou Themistocles Brandão Cavalcanti: "A Constituição de 1891, não atendia convenientemente a êsses interesses. Elaborada quando o mundo ainda gozava da estabilidade tão precária, que conheceu a geração daquela época, não previa, nem poderia, talvez, ter previsto, não só a deflagração das lutas que resolveram as instituições e os princípios econômicos tidos como eternos, mas também a transformação da economia internacional, pelo desenvolvimento espantoso da indústria com tôdas as suas conseqüências, como a superprodução, os produtos sintéticos e outras tantas manifestações da economia moderna, cujo valor só pode ser bem avaliado por aquêles que assistiram à transformação do mundo nestes últimos cinqüenta anos" (CAVALCANTI, *Tratado de Direito Administrativo*. 4ª Ed. Rio de Janeiro: Livraria Freitas, vol. III, 1960, pp. 39-40.). A acentuação consta do original e reflete a língua portuguesa praticada à época da elaboração da obra.

83 Talvez decorrente da influência fascista que a inspirou, tinha um cariz densamente intervencionista do Estado na liberdade de iniciativa econômica estampado no seu art. 135: "Art. 135 - Na iniciativa individual, no poder de criação, de organização e de invenção do indivíduo, exercido nos limites do bem público, funda-se a riqueza e a prosperidade nacional. A intervenção do Estado no domínio econômico só se legitima para suprir as deficiências da iniciativa individual e coordenar os fatores da produção, de maneira a evitar ou resolver os seus conflitos e introduzir no jogo das competições individuais o pensamento dos interesses da Nação, representados pelo Estado. A intervenção no domínio econômico poderá ser mediata e imediata, revestindo a forma do controle, do estimulo ou da gestão direta". Disponível em: www.planalto.gov.br. Acesso em: 05 ago. 2019.

arts. 145 a 161)[84] e pela Constituição de 24 de janeiro de 1967 (Título III, arts. 160 a 174).[85]

Nesse período, assistiu-se a uma ampla intervenção do Estado não somente na tentativa de regular a economia, mas inclusive e principalmente mediante a inserção daquele na atividade empresarial propriamente dita. A ausência de uma iniciativa privada com capacidade maior de investimentos fez com que, a partir das primícias da década de 1940, o Estado brasileiro passasse à criação de várias empresas públicas, suprindo hiato em relevantes segmentos econômicos do país.

Caio Tácito[86] registra o fato, salientando que a empresa pública, com os lineamentos básicos que a distingue, ingressa na economia nacional com a criação do Instituto de Resseguros do Brasil em 1939, prosseguindo com a Companhia Siderúrgica Nacional e a Companhia do Vale do Rio Doce, nos anos de 1941 e 1942, respectivamente, seguindo-se a Companhia Nacional de Álcalis (1943),

---

84 No diploma de 1946, o qual assinalou o retorno à democratização, tinha-se autorização genérica de competência regulatória no art. 146, complementado pelo art. 148, assim redigidos: "Art. 146 - A União poderá, mediante lei especial, intervir no domínio econômico e monopolizar determinada indústria ou atividade. A intervenção terá por base o interesse público e por limite os direitos fundamentais assegurados nesta Constituição" (...) "Art. 148 - A lei reprimirá toda e qualquer forma de abuso do poder econômico, inclusive as uniões ou agrupamentos de empresas individuais ou sociais, seja qual for a sua natureza, que tenham por fim dominar os mercados nacionais, eliminar a concorrência e aumentar arbitrariamente os lucros". Disponível em: www.planalto.gov.br. Acesso em: 05 ago. 2019.

85 Aqui a referência ao texto se faz com base na Emenda Constitucional de 1969, de 17 de outubro de 1969. O pioneirismo consistiu na enumeração dos princípios retores da ordem econômica: "Art. 160. A ordem econômica e social tem por fim realizar o desenvolvimento nacional e a justiça social, com base nos seguintes princípios: I - liberdade de iniciativa; II - valorização do trabalho como condição da dignidade humana; III - função social da propriedade; IV - harmonia e solidariedade entre as categorias sociais de produção; V - repressão ao abuso do poder econômico, caracterizado pelo domínio dos mercados, a eliminação da concorrência e ao aumento arbitrário dos lucros; e VI - expansão das oportunidades de emprêgo produtivo". Disponível em: www.planalto.gov.br. Acesso em: 05 ago. 2019.

86 O retorno do pêndulo; serviço público e empresa privada. O exemplo brasileiro. *Revista de Direito Administrativo*, vol. 202, out./dez. 1995, pp. 2-3.

a Companhia Hidroelétrica do São Francisco (1945) e a Fábrica Nacional de Motores (1946).[87]

O movimento prosseguiu nos anos de curta estabilidade democrática, tendo o Congresso Nacional instituído a Petróleo Brasileiro S.A. – Petrobrás, no ano de 1953, e, no de 1961, a Eletrobrás – Centrais Elétricas Brasileiras, responsável pela implantação do sistema federal de eletricidade.

Com o governo militar, essa expansão continuou a se desenrolar a toda poupa, de modo que, em censo de 1981, foi possível constatar, somente no plano da União, quinhentas e trinta pessoas jurídicas públicas empresariais, sendo aproximadamente trezentas e sessenta constituídas sob a forma de subsidiárias.

Daí que, na observação de Francisco Cavalcanti,[88] é esse o contexto com o qual se depara o início da vigência da Constituição de 1988. Esta atribui ao Estado pátrio três formas básicas de intervenção na ordem econômica, consistente, primeiramente, na qualidade de agente da atividade econômica, cuja realização há de se guiar pelos critérios apontados pelo art. 173.

Em seguida, a competência de regulação de atividades ocupa o papel estatal, assomando importante para tanto os princípios consagrados no art. 170, I a IX, da Lei Maior, sendo ainda de relevo o planejamento estatal, referido no art. 174.

Uma terceira modalidade se dá com as atividades indutoras, campo no qual se mostra possível valer-se, dentre outros mecanismos, da política fiscal (incentivos setoriais ou regionais), como mecanismo redutor de custos e, de conseguinte, ativar a economia.

---

87 Na realidade, nossa primeira experiência com a atividade empresarial do Estado teve lugar ao final do Brasil cololnial, com o Alvará de 12 de outubro de 1808, mediante o qual D. João VI, ainda príncipe herdeiro, autorizou a criação do primeiro Banco do Brasil, formado de capitais privados, aos quais se associou a Coroa em 1812.

88 TÁCITO, Caio. "Bases constitucionais do Direito Administrativo". *Revista de Direito Administrativo,* vol. 166, out./dez. 1986.

É preciso notar que, em acompanhando tendência verificada quanto aos países do *Welfare State* europeu, no final da década de 1970 e princípio da seguinte, veio se impondo como irresitível nos anos 90, aqui e nos demais países latino-americanos, a onda de fuga do Estado do terreno empresarial.

No Brasil, ainda sob a égide da Constituição pretérita, já se notava preocupação com a necessidade de diminuição do tamanho do Estado. Prova disso a edição do Decreto n. 83.740, de 19 de julho de 1979, responsável por instituir o Programa Nacional de Desburocratização, estatuindo, no seu art. 3º, alíneas *g* e *h*, como seus objetivos, tanto o de impedir o crescimento desnecessário da máquina administrativa federal quanto o de contenção da criação indiscriminada de empresas públicas.[89]

Daí, na gestão presidencial subsequente, mas antecedente da Lei Maior de 1988, adveio o Decreto n. 95.886, de 29 de março de 1988, disciplinando o Programa Nacional de Desestatização, a ser executado mediante projetos de privatização e de desregulamentação (art. 2º), salientando as maneiras pelas quais haveria de se materializar a privatização (art. 3º, I a VI), bem como criou o Conselho Nacional de Desestatização, ao qual, dentre suas atribuições, encontrava-se a de deliberar pela indicação das empresas a serem privatizadas (art. 6º, II).

O processo continua no Governo Collor, sendo, para tanto, editada a Medida Provisória n. 155/90, convertida na Lei n. 8.031, de 12 de abril de 1990, disciplinando um novo Programa Nacional de Desestatização, descrevendo as situações e modo de privatização de empresas estatais. Em substituição ao Conselho Nacional de Desestatização foi instituída

---

89 Eis o texto do referido ato normativo: "Art. 3º - O Programa terá por objetivo: (...) g) impedir o crescimento desnecessário da máquina administrativa federal, mediante o estímulo à execução indireta, utilizando-se, sempre que praticável, o contrato com empresas privadas capacitadas e o convênio com órgãos estaduais e municipais; h) velar pelo cumprimento da política de contenção da criação indiscriminada de empresas públicas, promovendo o equacionamento dos casos em que for possível e recomendável a transferência do controle para o setor privado, respeitada a orientação do Governo na matéria". Disponível em: www.planalto.com.br. Acesso em: 25 ago. 2019.

a Comissão Diretora do Programa de Desestatização, a quem competia sugerir ao Presidente da República as empresas a serem incluídas no programa estatal.[90]

Nova alavanca à privatização – e muito mais ambiciosa – foi manejada na gestão Fernando Henrique Cardoso. Para tanto, apoiou-se em mudanças na tessitura constitucional de 1988 e num planejamento reformista do Estado brasileiro.

Promulgaram-se cinco emendas constitucionais, as quatro primeiras delas em 15 de agosto de 1995. Inicialmente a Emenda Constitucional 05, alterando o §2º do art. 25 da Constituição, para permitir aos Estados realizar concessão em favor de empresas privadas para a exploração do serviço público local de distribuição de gás canalizado.

Em seguida veio a Emenda Constitucional 06, revogando inteiramente o art. 171 da Lei Maior,[91] o qual traçava distinção entre

---

90 Informou TÁCITO, "O retorno do pêndulo; serviço público e empresa privada. O exemplo brasileiro". *Revista de Direito Administrativo,* vol. 202, out./dez. 1995, p.6, com base em dados oficiais, inclusive oriundos do Tribunal de Contas da União, que o Programa Nacional de Desestatização, no intervalo compreendido até 1990, abrangeu aproximadamente quarenta e duas estatais. Já o realizado dentre 1991 a 1994, sessenta e cinco empresas públicas, sendo que trinta e três tiveram o seu controle transferido à iniciativa privada. Vinte destas eram controladas pela União.

91 Para recordar, a redação do preceito era a seguinte: "Art. 171. São consideradas: I – empresa brasileira a constituída sob as leis brasileiras e que tenha sua sede e administração no País; II – empresa brasileira de capital nacional aquela cujo controle efetivo esteja em caráter permanente sob a titularidade direta ou indireta de pessoas físicas domiciliadas e residentes no País e de entidades de direito público interno, entendendo-se por controle efetivo da empresa a titularidade da maioria de seu capital votante e o exercício, de fato e de direito, do poder decisório para gerir suas atividades. §1º – A lei poderá, em relação à empresa brasileira de capital nacional: I – conceder proteção e benefícios especiais temporários para desenvolver atividades consideradas estratégicas para a defesa nacional ou imprescindíveis ao desenvolvimento do País; II – estabelecer, sempre que considerar um setor imprescindível ao desenvolvimento tecnológico nacional, entre outras condições e requisitos: a) a exigência de que o controle referido no inciso II do "caput" se estenda às atividades tecnológicas da empresa, assim entendido o exercício, de fato e de direito, do poder decisório, para desenvolver ou absorver tecnologias; b) percentuais de participação, no capital, de pessoas físicas domiciliadas e residentes no País ou entidades de direito

empresa brasileira e empresa brasileira de capital nacional, estatuindo tratamento benéfico a esta. De conseguinte, modificou o art. 170, IX, para estatuir como princípio diretivo da ordem econômica não mais o tratamento favorecido à empresa de capital nacional de pequeno porte, mas à empresa de pequeno porte constituída em compasso com as leis brasileiras e que tenha sua administração no país. A medida causou polêmica e reação doutrinária.[92]

A Emenda Constitucional 07, por sua vez, dispôs sobre o exercício da atividade de transporte aéreo, aquático e terrestre. Outra relevante inovação, por sua vez, veio com a Emenda Constitucional 08. Esta modificou a redação dos incisos XI, XI, alínea *a*, do art. 21 da Constituição, relativos aos serviços de telecomunicações, de radiofusão sonora e de sons e imagens, dispondo, no particular do primeiro, sobre a criação de órgão regulador.

Finalmente, a Emenda Constitucional 09, de 09 de novembro de 1995, de modo a alterar o §1º do art. 177, juntamente com o acréscimo a este de um §2º, com o que se permitiu, nos termos da lei, fosse relativizado o monopólio estatal do petróleo, com a indicação de objetivos, dentre os quais o de instituição de órgão regulador da atividade.

Tais alterações fizeram com que o legislador avançasse mais ainda no seu intento de redução da presença do Estado na economia. Foi promulgada a Lei n. 9.491, de 09 de setembro de 1997, que, a pretexto

---

público interno. §2º – Na aquisição de bens e serviços, o Poder Público dará tratamento preferencial, nos termos da lei, à empresa brasileira de capital nacional". Disponível em: www.planalto.gov.br. Acesso: em 08 ago. 2019.

92 Ver crítica de MELLO, "A democracia e suas dificuldades contemporâneas". *Grandes temas de Direito Administrativo*. 1ª Ed. São Paulo: Malheiros, 2009, p. 374, inclusive mostrando que a promulgação de tal emenda constitucional teve um impacto no modo pelo qual privatizada a Cia. Vale do Rio Doce. Semelhante percepção se tem em DANTAS, *Direito constitucional econômico: globalização & constitucionalismo*. Curitiba: Juruá, 1999, pp. 166-167, que, ao depois de afirmar que o modelo adotado pela Constituição de 1988 em matéria econômica não se afinava com os padrões neoliberais, restou necessária a alteração daquela para modificar o disposto no inciso IX do art. 170 e revogar o art. 171, sem o que não haveria interesse da iniciativa privada em investir nalguns setores, dentre os quais o de telecomunicações.

de reformular o já existente, na verdade instituiu novo Programa Nacional de Desestatização, revogando a Lei n. 8.031/90, o que permitiu a alienação do controle acionário de inúmeras e relevantes empresas estatais em segmentos econômicos de importância. Recentemente, a aura privatizante parece ter novamente tornado a ribalta, servindo-lhe de lastro o art. 29, XVIII, da Lei n. 13.303/2016.[93]

Mas não foi só. Tal política teve, além de suas bases normativas, constitucional e legal, lastro em estudo acerca do papel e forma de atuação do Estado e, de conseguinte, do seu aparato administrativo. Tratou-se do Plano Diretor da Reforma do Aparelho de Estado,[94] cuja elaboração findou em novembro de 1995, levado a efeito pela Câmara de Reforma do Estado, cujo membro principal foi Bresser Pereira, então Ministro da Administração Federal e da Reforma do Estado.

No contexto, sendo porventura um dos pontos principais, foi o do evolver pelo qual vem passando a Administração Pública, reportando-se, assim, aos seus três tipos básicos que, até o presente momento, vêm se sucedendo no tempo, quais sejam o patrimonialista, o burocrático e o gerencial.

---

93 De notar que o Supremo Tribunal Federal, nos autos de Medida Cautelar nas ADI 5.624, 5.846, 5.924 e 6.029 (Pleno, mv, rel. Min. Ricardo Lewandowski, julgado em 06.06.2019), conferiu ao preceito acima referido interpretação no sentido de que a alienação do controle acionário de empresa pública e de sociedade de economia mista reclama autorização legislativa e licitação, exigências dispensadas quando da alienação do controle das subsidiárias e controladas, desde que, nesta situação, haja procedimento que se harmonize com os princípios consagrados no art. 37, *caput*, da Lei Maior. À guisa de curiosidade, é de se salientar que a presença do Estado empresarial entre nós ainda é densa. Conforme reportagem do jornal *O Estado de S. Paulo* (O "Estado empresário", edição de 07 de outubro de 2019), louvada em entrevista com o Secretário Especial de Desestatização, Desinvestimento e Mercados, Salim Mattar, a existência de estatais, entre controladas e subsidiárias, chega a aproximadamente cento e trinta e três, mas, uma vez consideradas as participações societárias, relacionadas especialmente ao Banco Nacional de Desenvolvimento Econômico e Social e o Banco do Brasil, o número se eleva para seiscentos e trinta e sete empresas.

94 Disponível em: www.bresserpereira.org.br. Acesso em: 08 ago. 2019.

Superado o primeiro, por sua inadequação com o próprio Estado de Direito – o que se pretende totalmente –, constata-se, quanto ao segundo, o burocrático, que a rigidez dos seus procedimentos fez com que, a despeito de seus propósitos, fosse perdendo a noção de sua função básica, que é a de servir à sociedade, de modo que, se foi satisfatório quando a atuação estatal se mostrava ainda reduzida, mostra-se inadequado na atualidade.

As circunstâncias, assim, impõem a emergência da Administração Pública gerencial, para fazer frente à expansão das funções econômicas e sociais do Estado, agravadas pela globalização, de sorte que o alcançar da eficiência – com a melhoria dos serviços a despeito de redução dos custos – torna-se, segundo o documento, imperativa.

Nesse desenrolar, após mostrar que, no âmbito do aparelho estatal, o setor da produção de bens e serviços deve ser território da iniciativa privada, afirmou-se que o Estado, nas suas atividades exclusivas, dentre as quais, a regulatória, há que assegurar uma capacidade de maior governança, para o fim de assegurar a aplicação das leis e das políticas públicas, apontando, para tanto, a transmudação em agências autônomas das antigas autarquias.[95] Do mesmo modo, não se pode negar – a despeito da costumeira omissão autista dos juristas[96] – o contributo para tanto

---

95 Essa ênfase da mutação do perfil regulatório está refletida nas palavras que se transcreve: "Reformar o aparelho do Estado significa garantir a esse aparelho maior governança, ou seja, maior capacidade de governar, maior condição de implementar as leis e políticas públicas. Significa tornar muito mais eficientes as atividades exclusivas de Estado, através da transformação das autarquias em 'agências autônomas', e tornar também muito mais eficientes os serviços sociais competitivos ao transformá-los em organizações públicas não-estatais de um tipo especial: as 'organizações sociais'" (*Plano Diretor da Reforma do Aparelho do Estado*, pp. 44-45. Disponível em: www.bresserpereira.org.br. Acesso em: 08 ago. 2019).

96 Essa postura isolacionista não permeou ARAÚJO, "O controle das agências reguladoras pelo Poder Legislativo". *Revista de Informação Legislativa,* ano 55, n. 217, jan./mar. 2018, p. 207, para quem o advento entre nós das agências decorreu da sintonia da política econômica do Governo do presidente Fernando Henrique Cardoso às orientações do Banco Mundial e do Fundo Monetário Internacional, com vistas à negociação de empréstimos internacionais.

da conjuntura econômica brasileira e latino-americana em visar atrair capitais estrangeiros para investimento nas áreas de infraestrutura.[97]

O resultado foi uma profusão legislativa que, iniciada com a nossa primeira lei de concessão de serviços públicos (Lei n. 8.987/95), bem como pelo diploma pioneiro na instituição das agências reguladoras sob a forma de autarquia especial, qual seja a Lei n. 9.427, de 26 de dezembro de 1996, responsável pela criação da Agência Nacional de Energia Elétrica – ANEEL, a partir da qual várias delas foram criadas, seja ao nível da União seja no dos Estados.

A disciplina de tais entes, na esfera da Administração Federal, salvo quanto aos aspectos de seu pessoal,[98] adotou a técnica de leis específicas para cada uma delas. Isso até que há pouco, mais precisamente em 25 de junho de 2019, foi promulgada a Lei n. 13.848, a qual, na qualidade de diploma geral, versa sobre a gestão, a organização, o processo decisório e o controle social das agências reguladoras. Estas, por seu turno, são as enumeradas, num total de onze, nos incisos do seu art. 2°, tendo o correspondente parágrafo único ressalvado ser possível ao legislador criar novas entidades da espécie, às quais será aplicada a lei geral.[99]

---

97 Essa motivação ainda se evidencia atualmente entre nós, consoante é possível se verificar de GIELOW, "Infraestrutura mira regulação para crescer". *Folha de S. Paulo,* edição de 08.09.2019. Disponível em: www1.folha.uol.com.br, a propósito do plano governamental que aparenta estar em curso, visando incrementar investimento em infraestrutura em parceria com o setor privado.

98 A Lei n. 9.986, de 18 de julho de 2000, cuja vigência persiste, disciplina, de maneira geral, a gestão de recursos humanos no que concerne às agências reguladoras integrantes da Administração Federal.

99 A inadequação de uma lei geral para a disciplina das agências reguladoras é alvo da crítica por CALVÃO SILVA, "Poderes e instrumentos regulatórios das entidades reguladoras ao abrigo da Lei Quadro das entidades administrativas independentes com funções de regulação da actividade económica dos sectores privado, público e coorporativo". *Revista Acadêmica da Faculdade de Direito do Recife*, ano 127, vol. 90, n. 1, pp. 8-9, jan./jun. de 2018, por ocasião da promulgação, em Portugal, de Lei Quadro sobre entidades reguladoras (Lei n. 67/2013), para quem não são convincentes os argumentos pela homogenização de soluções institucionais, porquanto, no âmbito das autoridades reguladoras lusitanas, vê-se panorama marcado pela heterogeneidade, não portando utilidade um diploma dessa natureza com funções de

A Lei n. 13.848/2019 também objetivou reformular a legislação então existente na União sobre as agências, em razão do que, além de alterar um conjunto de leis instituidoras de agências específicas, alterou substancialmente a Lei n. 9.986/2000, que contém regras gerais sobre os dirigentes e o pessoal dos entes reguladores.

É fato inconteste, assim, que a tentativa de adaptar o exercício da função administrativa com a nota da gerencial criou clima propício para que viesse à ribalta conjunto normativo que, pelo menos quanto a este aspecto, consolidasse entre nós o Estado regulador ou garante.[100]

É de se destacar que o arquétipo de agências cuja concretização se busca nestas plagas inegavelmente se inspirou no norte-americano, até porque também este moldou, no possível, os traços da regulação independente na Europa continental.

Disso segue que, no curso do texto, tentativas de cotejo entre os dois sistemas se mostrem inevitáveis e, até mesmo, assíduas. No entanto, é preciso logo advertir que isso não quer dizer – e nem seria possível – que a experiência do grande país da América do Norte venha a influenciar decisiva e integralmente nosso cotidiano.

As diferenças políticas, sociais e culturais hão de implicar ponderações e ajustes. Nesse particular, revelar-se-ão de grande utilidade as observações colhidas de outros países da América Latina que, por

---

regulação econômica do setor privado, público e cooperativo, tendo em vista que cada uma das entidades administrativas reguladoras possui organização *sui generis*, a qual visa a atender as necessidades específicas de diferentes segmentos. Por isso, os seus deveres e responsabilidades devem ser definidos com adequação ao correspondente contexto, o que se justifica na qualidade de fruto do realismo do legislador às necessidades e circunstâncias específicas dos diversos setores econômicos e sociais. O mais correto seria sua compreensão numa realidade multifacetada.

100 Cético, BERCOVICI, *Direito econômico aplicado – estudos e pareceres*. São Paulo: Contracorrente, 2016, p. 229, adverte que o Estado garantidor se mostra satisfatório para alguns agentes políticos e para parcela do sistema político, mas que não resolve os graves problemas de infraestrutura do país. Por isso, abordando o tema com referência ao setor portuário, frisa que o planejamento estratégico e a atuação direta e indireta do Estado brasileiro persistem como fundamentais.

uma maior identidade de realidade e de modelo jurídico-político com o nosso, são igualmente contemporâneos na assimilação do movimento de autonomia regulatória.

3 – A independência das agências reguladoras no Direito Pátrio

Empregamos o termo independência e o fazemos porque tal vocábulo, na matéria, granjeou uma simpatia doutrinária, tanto que, pelo menos no continente europeu, adorna a denominação das entidades e organismos ali correspondentes.

A qualidade de independente se exercita perante a Administração Direta, ou seja, o próprio governo. Não constitui nenhuma novidade, pois já presente no instituto da descentralização funcional quando da moldagem da definição de autarquia, atualmente delineada no art. 5º, I, do Decreto-lei n. 200/67, muito embora este dispositivo tenha se utilizado do termo "autônomo".

Pressupõe, inicialmente e tal como nas autarquias, o atributo da autonomia que, em sendo inerente à capacidade de autoadministração, é conferida pela pessoa política que patrocinou a sua criação, através do Legislativo.

Disso resulta válida a afirmação de Themístocles Brandão Cavalcanti, de que: "É a lei que fixa a sua estrutura jurídica e o limite e sua autonomia, dentro de sua validade".[101]

Transposta a questão às agências reguladoras, vê-se que a diferenciação é quanto à medida, pois a autonomia se impõe numa maior

101 CAVALCANTI, Themístocles Brandão. *Tratado de Direito Administrativo*. 4ª Ed. Rio de Janeiro: Livraria Freitas, vol. 2, 1960, p. 87.

largueza. Com razão Diogo de Figueiredo Moreira Neto,[102] para quem, além dos traços característicos das autarquias tradicionais, há quatro importantes aspectos a somar. São eles: a) independência política dos gestores; b) independência técnica; c) independência normativa; d) independência gerencial e orçamentário-financeira.[103]

Nesse sentido, mas sem se reportar à competência normativa, o art. 3º, *caput*, da Lei n. 13.848/2019, dispõe: "Art. 3º A natureza especial conferida à agência reguladora é caracterizada pela ausência de tutela ou de subordinação hierárquica, pela autonomia funcional, decisória, administrativa e financeira e pela investidura a termo de seus dirigentes e estabilidade durante os mandatos, bem como pelas demais disposições constantes desta Lei ou de leis específicas e que se voltam para sua implementação".

O primeiro traço que se destina à delineação de um perfil dos nossos reguladores de modo desvinculado dos interesses governamentais está na garantia da independência política dos seus dirigentes.

---

102 MOREIRA NETO, Diogo de Figueiredo. *Mutações do Direito Administrativo*. 2ª Ed. Rio de Janeiro: Renovas, 2001, pp. 147-148.

103 À guisa de notícia, tem-se que GOLÇALVES e MARTINS "Nótulas sobre o novo regime das entidades independentes de regulação da atividade económica". *Textos de Regulação da Saúde*, n. 4, 2013, pp. 16-17, em tomando por base a disciplina da Lei n. 67/2013, apontam que o legislador se reporta a várias modalidades de independência que atribuiu às entidades reguladoras lusitanas, sendo aquelas de natureza: a) orgânica, relacionada com o estatuto jurídico dos seus dirigentes; b) funcional, traduzida pela não submissão a orientações ou instruções do poder político no exercício de suas competências; c) técnica, vinculada ao desempenho das funções específicas de regulação; d) financeira (a única para a qual a lei empregou o termo autonomia ao invés de independência), contemplando a referência de que ao ente sejam asseguradas as condições financeiras de autossufiência. Não há cogitação de uma independência normativa, muito embora o diploma legal citado cuide dispor sobre o exercío de tal competência (art. 40º, n. 2, *a*). Referem os autores, em acréscimo GOLÇALVES e MARTINS "Nótulas sobre o novo regime das entidades independentes de regulação da atividade económica". *Textos de Regulação da Saúde*, n. 4, 2013, pp. 21-22, a uma independência diante dos setores e interesses regulados, materializada pela previsão de proibições de natureza institucional para as entidades e de uma extensa panóplia de incompatibilidades e impedimentos aos seus dirigentes.

Assim, com a nova redação, a Lei n. 9.986/2000 dispõe que as agências, de gestão colegiada, terão como órgão máximo o Conselho Diretor ou a Diretoria Colegiada, cuja composição será de quatro conselheiros ou diretores e um presidente, diretor-presidente ou diretor-geral, sendo os respectivos mandatos não coincidentes (art. 4º).

À consideração da natureza técnica das suas atribuições, a atual disciplina, ao manter a designação de tais dirigentes pelo Presidente da República, após a aprovação do Senado Federal, nos termos do art. 52, III, *f*, da Constituição Federal, foi mais exigente que a anterior, que se limitou à exigência de reputação ilibada, formação universitária e elevado conceito no campo de especialidade dos cargos para os quais fossem designados.

Assim, ao lado dos traços ilibados da reputação e de notório conhecimento, passou-se, de maneira mais detalhada, a reclamar requisitos inerentes à experiência profissional,[104] além de se referir à exigência de formação acadêmica compatível com o cargo para o qual indicado (art. 5º).

Da mesma forma, o legislador restringiu a competência de nomeação do Presidente da República, traçando, no art. 8º - A,[105] vedações, antes

---

104 É o que se tem no inciso I do art. 5º: "Art. 5º (...) I - ter experiência profissional de, no mínimo: a) 10 (dez) anos, no setor público ou privado, no campo de atividade da agência reguladora ou em área a ela conexa, em função de direção superior; ou b) 4 (quatro) anos ocupando pelo menos um dos seguintes cargos: 1. cargo de direção ou de chefia superior em empresa no campo de atividade da agência reguladora, entendendo-se como cargo de chefia superior aquele situado nos 2 (dois) níveis hierárquicos não estatutários mais altos da empresa; 2. cargo em comissão ou função de confiança equivalente a DAS-4 ou superior, no setor público; 3. cargo de docente ou de pesquisador no campo de atividade da agência reguladora ou em área conexa; ou c) 10 (dez) anos de experiência como profissional liberal no campo de atividade da agência reguladora ou em área conexa; (...)". Disponível em: www.planalto.gov.br. Acesso em: 10 ago. 2019.

105 "Art. 8º- A. É vedada a indicação para o Conselho Diretor ou a Diretoria Colegiada: I - de Ministro de Estado, Secretário de Estado, Secretário Municipal, dirigente estatutário de partido político e titular de mandato no Poder Legislativo de qualquer ente da federação, ainda que licenciados dos cargos; II - de pessoa que tenha atuado, nos últimos 36 (trinta e seis) meses, como participante de estrutura

inexistentes, as quais se estendem aos parentes, consanguíneos ou afins, até o terceiro grau das pessoas que se encontram alvo das proibições.

A investidura é por prazo certo de tempo, consistente no intervalo de cinco anos, inadmitida a recondução, salvo na hipótese do art. 5º, §7º. Com essa previsão, o art. 6º da Lei n. 9.986/2000 limita a competência de destituição dos dirigentes pelo chefe do Poder Executivo antes de tal instante, a qual somente poderá ocorrer nas situações previstas no seu art. 9º, I a III, sendo elas a renúncia, a condenação criminal por sentença irrecorrível ou conclusão desfavorável de processo administrativo disciplinar, ou ainda por infringência das proibições agora constantes do art. 8º - B do referido diploma legal.

A possibilidade de destituição imotivada dos dirigentes dos entes reguladores já foi objeto de discussão, inicialmente granjeando a atenção do Direito norte-americano. Aqui, igualmente, essa possibilidade, em face da investidura por mandato, com prazo determinado, também esboçou controvérsia.

Nos Estados Unidos, ganha importância uma menção a dois julgados, expostos como contraditórios, mas que somente o são numa visão primeira e aparente. Assim, em *Myers v. United States* (272 U.S. 52), de 1926, a lei que dispunha sobre a organização dos correios estabeleceu que alguns agentes, nomeados pelo Presidente da República, somente poderiam ser destituídos por ato do Senado. A Suprema Corte assentou que tal previsão era inconstitucional e isso porque o Artigo

---

decisória de partido político ou em trabalho vinculado a organização, estruturação e realização de campanha eleitoral; III - de pessoa que exerça cargo em organização sindical; IV - de pessoa que tenha participação, direta ou indireta, em empresa ou entidade que atue no setor sujeito à regulação exercida pela agência reguladora em que atuaria, ou que tenha matéria ou ato submetido à apreciação dessa agência reguladora; V - de pessoa que se enquadre nas hipóteses de inelegibilidade previstas no inciso I do caput do art. 1º da Lei Complementar n. 64, de 18 de maio de 1990; VI - (VETADO); VII - de membro de conselho ou de diretoria de associação, regional ou nacional, representativa de interesses patronais ou trabalhistas ligados às atividades reguladas pela respectiva agência. Parágrafo único. A vedação prevista no inciso I do caput estende-se também aos parentes consanguíneos ou afins até o terceiro grau das pessoas nele mencionadas".

II, Seção 2, segunda parte, da Constituição de 1787,[106] se, por um lado, permite, tal como aqui se tem atualmente (art. 52), que o Congresso submeta a nomeação pelo Presidente da República de determinados agentes à aprovação do Senado, restando-lhe nomear livremente os demais, não retira daquele, em momento algum, a competência para exonerá-los, transferindo-a exclusivamente ao Legislativo. Por isso, o reconhecimento de ser a medida da alçada do Chefe do Poder Executivo e que, em não havendo limitações para tanto, o ato presidencial não se mostrou inválido.

Já em *Humphrey's Executor v. United States* (295 U.S. 602), de 1935, a situação era a seguinte: Humphrey foi nomeado pelo Presidente Hoover dirigente da *Federal Trade Commissions*, cujo estatuto lhe assegurava o exercício da função pelo prazo de sete anos, salvo a demonstração de circunstâncias taxativas. Em 1931, o Presidente Roosevelt o destituiu sem alegação de qualquer das motivações previstas em lei, de modo que a Suprema Corte concluiu que, embora seja a competência do Chefe do Poder Executivo para destituir, é possível ao Congresso, com vistas a assegurar a independência da instituição, limitar o exercício da competência presidencial, condicionando-a à verificação de determinadas condições, mas, em nenhum momento, como na hipótese anterior, o Legislativo retirou a competência do Executivo, transpondo-a para si. Daí que os precedentes não se mostram contrários.

Nestas plagas, o tema da possibilidade de destituição imotivada, por parte do Executivo, de agente público investido de mandato, não se mostrou inteiramente pacífico. O Supremo Tribunal Federal, num primeiro precedente, inclinou-se pela possibilidade, aprovando, no

106 "Seção 2 (...) Nomeará, mediante o parecer e aprovação do Senado, os embaixadores e outros ministros e cônsules, juízes do Supremo Tribunal, e todos os funcionários dos Estados Unidos cujos cargos, criados por lei, não têm nomeação prevista nesta Constituição. O Congresso poderá, por lei, atribuir ao Presidente, aos tribunais de justiça, ou aos chefes das secretarias a nomeação dos funcionários subalternos, conforme julgar conveniente". Versão para o português disponível em: www.uel.br. Acesso em: 10 ago. 2019.

particular, a Súmula 25.[107] Num dos seus principais precedentes,[108] digno de nota o voto discordante do Ministro Victor Nunes Leal.[109]

O tema voltou a ser debatido na ADIN 1.949 - RS, ajuizada pelo Governo do Estado do Rio Grande do Sul, com o propósito de impugnar os arts. 7° e 8° da Lei estadual n. 10.931/97,[110] que, em sua redação original quanto na decorrente da Lei n. 11.292/98, a pretexto de instituir a Agência Estadual de Regulação dos Serviços Públicos Delegados do Rio Grande do Sul – AGERGS, submeteu a nomeação dos conselheiros à aprovação da Assembleia Legislativa, bem como preceituou que a sua destituição, antes do prazo, é igualmente da alçada do Legislativo.

---

107 A súmula tem a redação seguinte: "A nomeação a termo não impede a livre demissão, pelo Presidente da República, de ocupante de cargo de dirigente de autarquia".

108 Cuidou-se do MS 8.693 - DF (Pleno, mv, rel. Min. Ribeiro da Costa, julg. em 17.11.62), impetrado por Murilo Gondim Coutinho, com o propósito de reassumir seu mandato no Conselho Administrativo do Instituto de Aposentadorias e Pensões dos Industriários, do qual fora exonerando imotivadamente pelo Presidente da República.

109 Referido magistrado alicerçou seu pronunciamento com base em duas assertivas. A primeira delas foi a de que o art. 87, V, da Constituição de 1946, ao atribuir ao Chefe do Poder Executivo a competência para prover, na forma da lei e com as ressalvas estatuídas pela Constituição, os cargos públicos federais, deveria ser interpretado bem mais além da admissão do mero estabelecimento, pelo legislador, da forma de exercício de tal poder pelo Presidente da República, representando, de um modo mais amplo, a possibilidade da lei condicionar o desempenho da competência de provimento dos cargos públicos, de modo que tal não seja privativa das exceções constitucionais; b) a investidura de agente público por prazo certo constitui uma providência que se encontra na autonomia administrativa, conferida por lei, a certos órgãos, visando à conservação da independência de ação destes, tendo seus antecedentes nas *independent regulatory commissions* do sistema jurídico norte-americano, fazendo menção a precedentes da Suprema Corte, dentre os quais ao caso *Humphrey* (295, U.S. 602, 1935).

110 Ver a redação impugnada: "Art. 7° - O Conselheiro terá mandato de 4 (quatro) anos, será nomeado e empossado somente após a aprovação de seu nome pela Assembleia Legislativa do Estado, devendo satisfazer, simultaneamente, as seguintes condições: (...) Art. 8° - O Conselheiro só poderá ser destituído, no curso de seu mandato, por decisão da Assembleia Legislativa".

Após entender que a aprovação da indicação governamental ao Legislativo constitui reprodução do que consta no modelo federal (art. 52, III, CF), considerou inconstitucional o alijamento do Executivo quanto à tomada de decisão de destituição dos conselheiros, pois subverteria a natureza de autarquia especial que portam as agências de regulação.

Ao que tudo indica, o Pretório Excelso foi além do pedido, acrescentando *obiter dictum* no sentido de que, em se tratando de nomeação a termo, a competência do Executivo não pode ser confiada à discricionariedade deste, mas, diversamente, obedecer a causas razoáveis previstas na lei correspondente. À consideração de que a lei gaúcha era omissa em mencionar tais hipóteses, determinou a aplicação, até o instante no qual permanecer a lacuna, do art. 9º da Lei n. 9.986/2000.[111]

---

111 A transcrição da ementa é elucidativa: "Ação direta de inconstitucionalidade. Agência Estadual de Regulação dos Serviços Públicos Delegados do Rio Grande do Sul (AGERGS). Necessidade de prévia aprovação pela Assembleia Legislativa da indicação dos conselheiros. Constitucionalidade. Demissão por atuação exclusiva do Poder Legislativo. Ofensa à separação dos poderes. Vácuo normativo. Necessidade de fixação das hipóteses de perda de mandato. Ação julgada parcialmente procedente. 1. O art. 7º da Lei estadual n. 10.931/97, quer em sua redação originária, quer naquela decorrente de alteração promovida pela Lei estadual n. 11.292/98, determina que a nomeação e a posse dos dirigentes da autarquia reguladora somente ocorram após a aprovação da indicação pela Assembleia Legislativa do Estado do Rio Grande do Sul. A Constituição Federal permite que a legislação condicione a nomeação de determinados titulares de cargos públicos à prévia aprovação do Senado Federal, a teor do art. 52, III. A lei gaúcha, nessa parte, é, portanto, constitucional, uma vez que observa a simetria constitucional. Precedentes. 2. São inconstitucionais as disposições que amarram a destituição dos dirigentes da agência reguladora estadual somente à decisão da Assembleia Legislativa. O voluntarismo do legislador infraconstitucional não está apto a criar ou ampliar os campos de intersecção entres os poderes estatais constituídos sem autorização constitucional, como no caso em que se extirpa a possibilidade de qualquer participação do governador do estado na destituição do dirigente da agência reguladora, transferindo-se, de maneira ilegítima, a totalidade da atribuição ao Poder Legislativo local. Violação do princípio da separação dos poderes. 3. Ressalte-se, ademais, que conquanto seja necessária a participação do chefe do Executivo, a exoneração dos conselheiros das agências reguladoras também não pode ficar a critério discricionário desse Poder. Tal fato poderia subverter a própria natureza da autarquia especial, destinada à regulação e à fiscalização dos serviços públicos prestados no âmbito do ente político, tendo a lei lhe conferido certo grau de autonomia. 4. A natureza da investidura a termo

A independência do regulador, nesse particular, exige mais. O acesso privilegiado ao conhecimento de informação do setor regulado que tais dirigentes, no exercício e suas funções, possuem, faz com que se submetam, em contrapartida, como nos diz Didier Truchet,[112] a uma estrita deontologia, na qual se destaca o dever de sigilo profissional, numerosas incompatibilidades e a necessidade de prevenção de conflitos de interesses. Possuem, ao modo dos demais agentes públicos, "um

---

no cargo de dirigente de agência reguladora, bem como a incompatibilidade da demissão ad nutum com esse regime, haja vista que o art. 7º da legislação gaúcha prevê o mandato de quatro anos para o conselheiro da agência, exigem a fixação de balizas precisas quanto às hipóteses de demissibilidade dos dirigentes dessas entidades. Em razão do vácuo normativo resultante da inconstitucionalidade do art. 8º da Lei estadual n. 10.931/97 e tendo em vista que o diploma legal não prevê qualquer outro procedimento ou garantia contra a exoneração imotivada dos conselheiros da Agência Estadual de Regulação dos Serviços Públicos Delegados do Rio Grande do Sul (AGERGS), deve a Corte estabelecer, enquanto perdurar a omissão normativa, as hipóteses específicas de demissibilidade dos dirigentes dessa entidade. 5. A teor da norma geral, aplicável às agências federais, prevista no art. 9º da Lei Federal n. 9.986/2000, uma vez que os dirigentes das agências reguladoras exercem mandato fixo, podem-se destacar como hipóteses gerais de perda do mandato: (i) a renúncia; (ii) a condenação judicial transitada em julgado e (iii) o procedimento administrativo disciplinar, sem prejuízo de outras hipóteses legais, as quais devem sempre observar a necessidade de motivação e de processo formal, não havendo espaço para discricionariedade pelo chefe do Executivo. 6. Ação julgada parcialmente procedente para declarar a inconstitucionalidade do art. 8º da Lei estadual n. 10.931/97, em sua redação originária e naquela decorrente de alteração promovida pela Lei estadual n. 11.292/98, fixando-se ainda, em razão da lacuna normativa na legislação estadual, que os membros do Conselho Superior da Agência Estadual de Regulação dos Serviços Públicos Delegados do Rio Grande do Sul (AGERGS) somente poderão ser destituídos, no curso de seus mandatos, em virtude de renúncia, de condenação judicial transitada em julgado, ou de processo administrativo disciplinar, sem prejuízo da superveniência de outras hipóteses legais, desde que observada a necessidade de motivação e de processo formal, não havendo espaço para discricionariedade pelo chefe do Executivo" (Pleno. V.U., REL. Min. Dias Toffoli, julgamento em 17.09.2014).

112 TRUCHET, Didier. *Droit administratif.* 7ª Ed. Paris: Presses Universitaires de France, 2017, p. 95.

dever de dignidade, de probidade, de integridade, de imparcialidade e de neutralidade".[113]

Daí se mostrarem oportunas as inovações da Lei n. 13.848/2019, ao acrescer à Lei n. 9.986/2000, art. 8º- B,[114] estatuindo vedações, cujo descumprimento é capaz de ensejar a destituição antecipada. Todavia, a elevação da quarentena de quatro para seis meses pouco influi, principalmente quando computados nesse intervalo dos períodos de férias não usufruídas.[115]

Ao depois, segue-se como de relevância a independência técnica, não somente para significar que a atuação do regulador há que se distanciar do norteamento por critérios político-partidários. Nesse particular, a especialização técnica (*expertise model*) – diz-nos João Nuno

---

113 TRUCHET, Didier. "Un devoir de dignité, de probité, d'intégrité, d'impartialité et de neutralité". *Droit administratif.* 7ª Ed. Paris: Presses Universitaires de France, 2017, p. 95.

114 "Art. 8º- B. Ao membro do Conselho Diretor ou da Diretoria Colegiada é vedado: I - receber, a qualquer título e sob qualquer pretexto, honorários, percentagens ou custas; II - exercer qualquer outra atividade profissional, ressalvado o exercício do magistério, havendo compatibilidade de horários; III - participar de sociedade simples ou empresária ou de empresa de qualquer espécie, na forma de controlador, diretor, administrador, gerente, membro de conselho de administração ou conselho fiscal, preposto ou mandatário; IV - emitir parecer sobre matéria de sua especialização, ainda que em tese, ou atuar como consultor de qualquer tipo de empresa; V - exercer atividade sindical; VI - exercer atividade político-partidária; VII - estar em situação de conflito de interesse, nos termos da Lei n. 12.813, de 16 de maio de 2013".

115 A Lei Quadro portuguesa das entidades administrativas independentes com funções de regulação da atividade econômica dos setores privado, público e cooperativo (Lei n. 67/2013), traça, para fins de incompatibilidade superveniente, um intervalo mais alargado, ao assim dispor: "Artigo 19º Incompatibilidade e impedimentos (...) 2 - Depois da cessação do seu mandato e durante um período de dois anos os membros do conselho de administração não podem estabelecer qualquer vínculo ou relação contratual com as empresas, grupos de empresas ou outras entidades destinatárias da atividade da respetiva entidade reguladora, tendo direito no referido período a uma compensação equivalente a 1/2 do vencimento mensal". Disponível em: www.dre.pt. Acesso em: 17 set. 2019.

Calvão –[116] contribui para melhorar o conhecimento de dados técnicos complexos, reforçando a qualidade das medidas adotadas numa sociedade com avanços científicos constantes e incessantes, enquanto que os agentes políticos não dispõem de conhecimentos específicos para uma adequada medição, compreensão e gestão do risco.

Essa independência é assegurada pela não possibilidade de revisão, por parte do governo, das decisões tomadas pela agência, que, no particular das autarquias, sucede mediante a previsão legal de recursos hierárquicos impróprios, a serem apreciados, de regra, pelos Ministros de Estado.

As competências do regulador – importante frisar – são de múltiplas naturezas. Por exemplo, para Gaspar Ortiz[117] os entes reguladores, além de funções consultivas, devem realizar: a) funções arbitrais entre os agentes do mercado; b) funções executivas (fixação de preços e tarifas, concessão de licenças e autorizações de instalação, supervisão de padrões de qualidade dos serviços e a supervisão das condutas empresariais no mercado); c) funções operativas, referentes à solicitação de informações às empresas, realização de fiscalizações e aplicação de sanções; d) funções de elaboração de regras.

Dentre os autores pátrios, Luís Roberto Barroso[118] aponta que a regulação contempla um rol amplo de competências relacionado ao setor sobre o qual opera, envolvendo a sua disciplina, fiscalização, composição de conflitos e aplicação de sanções.

Numa ligeira aproximação com o sistema norte-americano, podemos bipartir as competências das nossas agências reguladoras entre aquelas de cunho normativo (*rule making*) e as que produzem efeitos

---

116 SILVA, João Nuno Calvão. *Agências de regulação na União Europeia*. Coimbra: GESTLEGAL, 2017, p. 578.

117 ORTIZ, Gaspar Ariño. *Principios de derecho público econômico:* Modelo de Estado, gestión pública e regulación econômica. Granada: Editorial Comares, 2001, pp. 604-605.

118 BARROSO, Luís Roberto. Agências reguladoras. Constituição, transformações do Estado e legitimidade democrática. *Uma avaliação das tendências contemporâneas do Direito Administrativo*. Rio de Janeiro: Renovar, 2003, p. 179.

imediatos sobre a situação jurídica dos regulados e dos demais cidadãos (*adjudication*), onde se têm inúmeras espécies, conforme acima mencionado. A distinção será de relevo para o desenvolvimento do respectivo controle jurisdicional.

Exemplificando, basta ver, para evitar repetição, a Lei n. 9.427, de 26 de dezembro gde 1996, que contém normas sobre a regulação do setor elétrico, a qual confiou várias tarefas à Agência Nacional de Energia Elétrica – ANEEL. A esta é assegurada, pelo art. 3º do diploma acima,[119] juntamente com a elaboração das regras de comercialização

119 Art. 3º Além das atribuições previstas nos incisos II, III, V, VI, VII, X, XI e XII do art. 29 e no art. 30 da Lei n. 8.987, de 13 de fevereiro de 1995, de outras incumbências expressamente previstas em lei e observado o disposto no § 1º, compete à ANEEL: I - implementar as políticas e diretrizes do governo federal para a exploração da energia elétrica e o aproveitamento dos potenciais hidráulicos, expedindo os atos regulamentares necessários ao cumprimento das normas estabelecidas pela Lei n. 9.074, de 7 de julho de 1995; II - promover, mediante delegação, com base no plano de outorgas e diretrizes aprovadas pelo Poder Concedente, os procedimentos licitatórios para a contratação de concessionárias e permissionárias de serviço público para produção, transmissão e distribuição de energia elétrica e para a outorga de concessão para aproveitamento de potenciais hidráulicos; III - (Revogado pela Lei n. 10.848, de 2004); IV - gerir os contratos de concessão ou de permissão de serviços públicos de energia elétrica, de concessão de uso de bem público, bem como fiscalizar, diretamente ou mediante convênios com órgãos estaduais, as concessões, as permissões e a prestação dos serviços de energia elétrica; V - dirimir, no âmbito administrativo, as divergências entre concessionárias, permissionárias, autorizadas, produtores independentes e autoprodutores, bem como entre esses agentes e seus consumidores; VI - fixar os critérios para cálculo do preço de transporte de que trata o § 6o do art. 15 da Lei n. 9.074, de 7 de julho de 1995, e arbitrar seus valores nos casos de negociação frustrada entre os agentes envolvidos; VII - articular com o órgão regulador do setor de combustíveis fósseis e gás natural os critérios para fixação dos preços de transporte desses combustíveis, quando destinados à geração de energia elétrica, e para arbitramento de seus valores, nos casos de negociação frustrada entre os agentes envolvidos; VIII - estabelecer, com vistas a propiciar concorrência efetiva entre os agentes e a impedir a concentração econômica nos serviços e atividades de energia elétrica, restrições, limites ou condições para empresas, grupos empresariais e acionistas, quanto à obtenção e transferência de concessões, permissões e autorizações, à concentração societária e à realização de negócios entre si; IX - zelar pelo cumprimento da legislação de defesa da concorrência, monitorando e acompanhando as práticas de mercado dos agentes do setor de energia elétrica; X - fixar as multas administrativas a serem impostas aos concessionários, permissionários e

e a disciplina do serviço (incisos XIV e XIX), inúmeras outras competências cujas decisões repercutem diretamente na esfera dos agentes regulados e dos utentes das prestações.

---

autorizados de instalações e serviços de energia elétrica, observado o limite, por infração, de 2% (dois por cento) do faturamento, ou do valor estimado da energia produzida nos casos de autoprodução e produção independente, correspondente aos últimos doze meses anteriores à lavratura do auto de infração ou estimados para um período de doze meses caso o infrator não esteja em operação ou esteja operando por um período inferior a doze meses. XI - estabelecer tarifas para o suprimento de energia elétrica realizado às concessionárias e às permissionárias de distribuição, inclusive às cooperativas de eletrificação rural enquadradas como permissionárias, cujos mercados próprios sejam inferiores a 700 GWh/ano, e tarifas de fornecimento às cooperativas autorizadas, considerando parâmetros técnicos, econômicos, operacionais e a estrutura dos mercados atendidos; XII - estabelecer, para cumprimento por parte de cada concessionária e permissionária de serviço público de distribuição de energia elétrica, as metas a serem periodicamente alcançadas, visando a universalização do uso da energia elétrica; XIII - efetuar o controle prévio e *a posteriori* de atos e negócios jurídicos a serem celebrados entre concessionárias, permissionárias, autorizadas e seus controladores, suas sociedades controladas ou coligadas e outras sociedades controladas ou coligadas de controlador comum, impondo-lhes restrições à mútua constituição de direitos e obrigações, especialmente comerciais e, no limite, a abstenção do próprio ato ou contrato; XIV - aprovar as regras e os procedimentos de comercialização de energia elétrica, contratada de formas regulada e livre; XV - promover processos licitatórios para atendimento às necessidades do mercado; XVI - homologar as receitas dos agentes de geração na contratação regulada e as tarifas a serem pagas pelas concessionárias, permissionárias ou autorizadas de distribuição de energia elétrica, observados os resultados dos processos licitatórios referidos no inciso XV do caput deste artigo; XVII - estabelecer mecanismos de regulação e fiscalização para garantir o atendimento à totalidade do mercado de cada agente de distribuição e de comercialização de energia elétrica, bem como à carga dos consumidores que tenham exercido a opção prevista nos arts. 15 e 16 da Lei n. 9.074, de 7 de julho de 1995; XVIII - definir as tarifas de uso dos sistemas de transmissão e distribuição, sendo que as de transmissão devem ser baseadas nas seguintes diretrizes: a) assegurar arrecadação de recursos suficientes para a cobertura dos custos dos sistemas de transmissão, inclusive das interligações internacionais conectadas à rede básica; b) utilizar sinal locacional visando a assegurar maiores encargos para os agentes que mais onerem o sistema de transmissão; XIX - regular o serviço concedido, permitido e autorizado e fiscalizar permanentemente sua prestação. XX - definir adicional de tarifas de uso específico das instalações de interligações internacionais para exportação e importação de energia elétrica, visando à modicidade tarifária dos usuários do sistema de transmissão ou distribuição; XXI - definir as tarifas das concessionárias de geração hidrelétrica que comercializarem energia no regime de cotas de que trata a Medida Provisória nº 579, de 11 de setembro de 2012.

A Lei n. 13.848/2019 tornou expressos alguns condicionamentos a serem respeitados nas decisões das agências, aludindo à observância da proporcionalidade, mediante "a devida adequação entre meios e fins, vedada a imposição de obrigações, restrições e sanções em medida superior àquela necessária ao atendimento do interesse público" (art. 4º), e à motivação, mediante a indicação dos pressupostos de fato e de direito que a determinaram (art. 5º), estendendo, quanto a estes, aos atos normativos.

Ao depois, vem o que se denomina independência normativa. Qualifica-se pela circunstância de competir à agência o apanágio de elaborar normas para a disciplina da conduta do setor regulado, envolvendo os agentes regulados e, igualmente, os administrados que estão vinculados às atividades destes.

A experiência norte-americana, louvada num pragmatismo decorrente da aceitação de uma concepção funcionalista da divisão de poderes, superou o óbice do Artigo I, Seção 1, da Constituição de 1787,[120] permitindo que se consolidasse a admissão de uma competência normativa pelas agências, habilitando-as à emissão de três classes de regras (*rules*), a saber: a) *substantive* ou *legislative rules*; b) *interpretative rules*; c) *procedural rules*.

As primeiras constituem a modalidade mais relevante, sendo idôneas para afetar direitos e impor obrigações, tanto que chegam a ser consideradas como uma delegação legislativa,[121] conforme a prática vem

---

120 "Artigo I Seção 1 - Todos os poderes legislativos conferidos por esta Constituição serão confiados a um Congresso dos Estados Unidos, composto de um Senado e de uma Câmara de Representantes". Versão para o português disponível em: www.uel.br. Acesso em: 10 ago. 2019.

121 É a visão de Bianchi ("El control judicial de la Administración Pùblica bajo la llamada doctrina de la deferencia. *In*: *El derecho público a comienzos del siglo XXI. Estudios en Homenaje al Profesor Allan Brewer Carías*". Madri: Civitas, 2003. Tomo II, p. 2.281), o qual assimila tais regulamentos ao que, no caso argentino, há quanto à delegação legislativa. Uma mesma impressão pode ser extraída de CUÉLLAR, "Poder normativo das agências reguladoras norte-americanas". *Revista de Direito Administrativo,* vol. 229, jul./set. 2002, pp. 166 e 169.

evidenciando. A sua produção observa procedimento formal previsto na APA, no qual se prevê uma publicação prévia no *Federal Register*, oportunizando-se aos interessados que, sobre sua proposição, emitam sua opinião. Submetem-se a controle pelo Legislativo.

Já os interpretativos não possuem força de lei, não impondo obrigações. A sua emissão expressa uma interpretação administrativa da lei, a qual não se afigura vinculante. Por sua vez, os procedimentais ou também organizativos apenas versam sobre a organização da agência, suas regras de funcionamento e procedimentos, sendo seu alcance interno.

Especialmente quanto à primeira modalidade de regras, acreditamos que a sua recepção não se evidencia como possível pelo nosso sistema jurídico, a despeito de sua elevada importância para o aparato regulatório.[122]

É que o detalhismo da Constituição de 1988 fez com que fosse estruturada a delegação legislativa sob os moldes estritamente formais, conforme se pode ver do seu art. 68 e parágrafos, sem contar que esta é a modalidade de delegação legislativa mencionada pelo art. 59, a estabelecer o rol das espécies normativas compreendidas pelo processo legislativo, sem contar que o seu destinatário é unicamente o Presidente da República.

---

122 Interessante a observação de FIGUEIREDO, *Poder, Direito e Estado:* o Direito Administrativo em tempos de globalização. São Paulo; Fórum, 2011, p. 148, sobre a alternativa e a vantagem que a normatividade dos reguladores independentes oferece numa seara de alta complexidade e de grande mudança. Isso porque se, por um lado, o emprego exclusivo da norma legal, sem embargo da garantia da reserva legal que assegura, acaba entorpecendo e prejudicando as atividades econômicas e sociais, diante da impossibilidade do Parlamento acompanhar o dinamismo daquelas, de outro, a transferência de escolhas discricionárias aos agentes executivos, embora solucionem os óbices sob o aspecto da dinâmica, acaba por abrir um campo de ação no qual os debates colegiados democráticos são substituídos por decisões burocráticas, fazendo com que viceja a unilateralidade, a parcialidade e o arbítrio. Esbanjando otimismo, o autor remata afirmando que a regulação "se apresenta, de modo geral, como o método que permite uma atuação administrativa, tanto interna como externamente, dotada de *máxima flexibilidade* aliada à *máxima segurança*" (FIGUEIREDO, Diogo de. *Poder, Direito e Estado:* o Direito Administrativo em tempos de globalização. São Paulo; Fórum, 2011, p. 148.).

Tanto é assim que os autores, visando ao enquadramento dessa competência normativa, recorrem à figura do regulamento, invocando para tanto o espécime da deslegalização. Esse é a maneira de pensar de Diogo de Figueiredo Moreira Neto,[123] com relação à qual nos manifestamos de acordo, ressalvado um pormenor, a ser adiante desenvolvido.

A questão de que a delegação legislativa, entre nós, somente diz respeito ao processo legislativo parlamentar, bem assim os atos normativos com força de lei, foi percebida pelo constituinte derivado. Prova disso é que a Emenda Constitucional 45/2004, a pretexto de especificar a competência dos Conselhos Nacional de Justiça e Nacional do Ministério Público (arts. 103 - B, §4º, I, e 130 - A, §2º, I, CF), fez constar, quanto ao plano normativo, como menção o "podendo expedir atos regulamentares".

O fato que se impõe, independente do reconhecimento ou não de sua estatura regulamentar, é o de que, em não ostentando a qualidade ou mesmo a força de lei formal, as regras elaboradas pelas agências reguladoras submetem-se às limitações constitucionais inerentes aos atos normativos não tipicamente legais.

Ainda é de se apontar novos condicionamentos advindos com a Lei n. 13.848/2019. Além da necessidade de preceder motivação, a elaboração de atos normativos, ou sua alteração, há de ser precedida da realização de Análise de Impacto Regulatório (AIR), a qual conterá informações e dados sobre os seus possíveis efeitos (arts. 5º e 6º).

Não olvidar o laivo participativo, mediante prévia consulta pública, na qual se requer o posicionamento da agência sobre as críticas ou contribuições apresentadas (art. 9º). O apelo à realização de tal procedimento, constante do art. 33 da Lei n. 9.784/99 e do Art. 29 da Lei de Introdução às Normas do Direito Brasileiro, transforma-se num imperativo, tal como será exposto no Capítulo IV.

---

123 MOREIRA NETO, Diogo de Figueiredo. *Mutações do Direito Administrativo*. 2ª Ed. Rio de Janeiro: Renovar, 2001, pp. 165-166.

Ao final, tem-se a independência gerencial e orçamentário-financeira, à qual se refere genericamente o art. 3º da Lei n. 13.848/2019, cuja manifestação se encontra no art. 19, ao fazer alusão à obrigatoriedade de elaboração de plano de gestão anual, ao qual compete especificar as metas de desempenho administrativo e operacional e a previsão dos recursos orçamentários e o seu cronograma de reembolso.

A legislação especial persiste em vigor na parte na qual prevê a possibilidade da obtenção, por parte das agências, de fontes autônomas de receita, representadas por taxas de fiscalização e recursos oriundos de convênios.[124]

No entanto, o art. 3º, §1º, da Lei n. 13.848/2019, numa medida centralizadora, submeteu as agências, bem como os seus fundos, se houver, aos Sistemas de Planejamento e de Orçamento Federal, de Administração Financeira Federal, de Pessoal Civil da Administração Federal, de Organização e Inovação Institucional, de Administração dos Recursos de Tecnologia da Informação e de Serviços Gerais.

Tal previsão, ao invés de reforçar, parece reduzir a autonomia financeira do ente regulador, pois o submete ao contingenciamento de seus recursos orçamentários pelo Executivo.

A Lei n. 13.848/2019 disciplinou um sistema específico de controle externo das agências, a ser exercido pelo Legislativo com o auxílio do Tribunal de Contas da União, não somente sob o prisma orçamentário-financeiro, mas, igual e relevantemente, operacional (arts. 14 a 21).

Nesse particular, o legislador, projetando a aferição de um controle custo-benefício da atuação das agências, alude ao cumprimento dos planos estratégico e de gestão anual. Segundo o art. 15, §1º, da Lei n. 13.848/2019, com estes se objetiva: "I - aperfeiçoar o acompanhamento das ações da agência reguladora, inclusive de sua gestão, promovendo

124 Ver art. 11, I e IV, da Lei n. 9.427/96, art. 15, II, III e V, da Lei n. 9.478/97, e art. 47 da Lei n. 9.472/97. Com relação à ANP, registre-se que o art. 15, II, da Lei n. 9.478/97, ainda se previu a outorga de parcela das participações governamentais a que se refere o seu art. 45, I e III.

maior transparência e controle social; II - aperfeiçoar as relações de cooperação da agência reguladora com o Poder Público, em particular no cumprimento das políticas públicas definidas em lei; III - promover o aumento da eficiência e da qualidade dos serviços da agência reguladora de forma a melhorar o seu desempenho, bem como incrementar a satisfação dos interesses da sociedade, com foco nos resultados; IV - permitir o acompanhamento da atuação administrativa e a avaliação da gestão da agência".

4 – Regulação independente e democracia

Um aspecto que é observado no estrangeiro, porventura com ênfase no direito europeu continental, é o que versa sobre questionamentos do modelo regulatório independente diante do princípio democrático.

Na Espanha, essa questão foi discutida, principalmente diante dos termos do art. 97 da Constituição de 1978,[125] o qual dispõe competir ao Governo, cuja formação se origina da soberania popular, a direção da política interior e exterior, juntamente com o exercício da função executiva.

As mesmas críticas tiveram lugar na França, precisamente em face do art. 20 da Constituição de 1958,[126] ao ressaltar que o Governo

125 "Artigo 97 - O Governo dirige a política interior e exterior, a Administração civil e militar e a defesa do Estado. Exerce a função executiva e a competência regulamentar, de acordo com a Constituição e as leis" ("Artículo 97 - El Gobierno dirige la política interior y exterior, la Administración civil y militar y la defensa del Estado. Ejerce la función ejecutiva y la potestad reglamentaria de acuerdo con la Constitución y las leyes". Disponível em: www.congreso.es. Acesso em: 14 ago. 2019).

126 "ARTIGO 20º - O Governo determina e conduz a política da Nação. Dispõe da administração e das Forças Armadas. É responsável perante o Parlamento, nas condições e de acordo com os procedimentos previstos nos artigos 49 e 50". Versão em português disponível em: www.conseil-constitutionel.fr. Acesso em: 15 ago. 2019.

dirige a política da nação, dispõe sobre a Administração e as Forças Armadas, sendo responsável perante o Parlamento.

Há entendimento no sentido de que, em face de preceitos sobranceiros como os referidos, não se poderia cogitar do estabelecimento pelo legislador das autoridades e administrações independentes, tal como se encontram estruturadas. É o ponto de vista de Enrique García Llovet,[127] para quem: a) o legislador não se encontra autorizado para dispor das competências constitucionalmente atribuídas a outro poder constitucional; b) a vontade do Governo de legar neutralidade a uma parte do aparato administrativo, ainda que com a colaboração do Parlamento por lei formal, configura fraude constitucional; c) o legislador não pode manipular o sistema de distribuição de competência entre os órgãos constitucionais, incorporando um quarto poder; d) qualquer intenção de generalizar o modelo de tais entes colide com o sistema de heterodeterminação dos fins da Administração.[128]

Há quem defenda o contrário. Luis Alberto Pomed Sánchez[129] refuta a alegação de inconstitucionalidade, seja: a) porque da competência governamental de direção da Administração Pública não é possível extrair um estatuto constitucional da liberdade de nomeação dos altos cargos, salvo quanto aos Ministros, estando a configuração da matéria situada no campo da lei; b) a competência de direção da Administração Pública é confiada ao Governo pelo art. 97 da Constituição para ser exercitada de acordo com a ela e as leis, podendo estas modularem a forma do seu exercício.

---

127 LLOVET, Enrique García. "Autoridades administrativas independientes y Estado de Derecho". *Revista de Administración Pública*, n. 131, mai./ago. 1993..

128 Mesmo sem aportar no reconhecimento de inconstitucionalidade, TRUCHET, *Droit administratif*. 7ª Ed. Paris: Presses Universitaires de France, 2017, p. 96, aponta que as autoridades administrativas e autoridades públicas independentes constituem uma ameaça à democracia clássica, seja por se subtraírem à responsabilidade política, seja porque a sua criação evidencia um descrédito da confiança dos cidadãos no poder político.

129 SANCHÉZ, Luis Alberto Pomed. "Fundamento y naturaleza jurídica de las administraciones independientes". *Revista de Administración Pública*, n. 132, set./dez. 1993..

Aqui há opinião que vislumbra uma contradição das agências com o regime republicano, como se tem em Celso Antônio Bandeira de Mello,[130] pois, em podendo ultrapassar o mandato dos seus dirigentes ao do Presidente da República que os investiu, sobrevém a possibilidade de persistência de uma orientação político-administrativa em flagrante contradição àquela rejeitada nas urnas.

A despeito de compreensão razoável, não vislumbramos, no particular, uma contrariedade ao texto da Lei Básica. O seu art. 84, II, ao afirmar exercer o Presidente da República, com o auxílio dos Ministros de Estado, a direção superior da Administração Federal, não traçou o formato desta, sendo de salientar que, no inciso XXV, o provimento (e seu desprovimento) dos cargos públicos federais há de ser realizado em conformidade com a lei.

Disso segue que o legislador está autorizado a delinear os contornos da organização administrativa e que, no particular das agências, lançou mão de instituto tradicional no Direito Administrativo, qual seja o da descentralização, cuja amplitude, por ausência de vedação constitucional explícita, situa-se em sua liberdade de conformação.

No processo legislativo, além da conatural função do Parlamento em limitar as competências presidenciais e dos entes administrativos, é de se notar que o chefe do Poder Executivo é partícipe, mediante a faculdade de impedir (*faculté d'empêcher*), a ser materializada pelo veto.

Uma prova eloquente da assertiva está na observação de Augusto Durán Martínez,[131] relativo às leis criadoras de autoridades reguladoras no Uruguai, ao salientar que o modelo adotado neste se encontra bastante distante do ideal, porquanto o legislador não lhes assegurou competências essenciais, especialmente a arbitral e a normativa.

---

130 AMARAL, Diogo Freitas do. *Curso de Direito Administrativo*. 33ª Ed. São Paulo: Malheiros, 2018, p. 1109.

131 MARTÍNEZ, Augusto Durán. "Estado constitucional de Derecho y servicios públicos". *Revista de Direito Administrativo & Constitucional,* ano 15, n. 60, abr./jun. 2015, pp. 57-58.

Por isso, o questionamento é equacionado na síntese de Truchet: "As autoridades aqui estudadas não estão evidentemente independentes do Direito: como toda autoridade administrativa, estão submetidas ao princípio da legalidade, tal como o temos definido".[132]

Então, o decisivo, para salvaguarda do princípio democrático, centra-se no modo do Parlamento em exercitar sua competência no que concerne ao estatuto dos reguladores, de sorte a, quando da disciplina da sua autonomia, e, especialmente quanto à estabilidade dos seus dirigentes, preservar sua independência em relação ao Poder Executivo, sem, contudo, fazê-lo de maneira tão ampla que enverede por torná-los irresponsáveis.

De logo, acentue-se que descabe ao Judiciário suprir lacunas da legislação, para o fim de assegurar a autonomia dos entes de regulação e seus dirigentes, porquanto, em assim atuando, usurpa competência dos ramos do Estado cuja legitimidade emana da soberania popular.[133]

132 TRUCHET, Didier. *Droit administratif.* 7ª ed. Paris: Presses Universitaires de France, 2017, p. 94.

133 Nesse ponto, merece uma melhor e mais aprofundada análise – que não se comporta nos lindes deste trabalho – acerca do deliberado pelo Supremo Tribunal Federal na mencionada ADI 1.949 - RS, principalmente a fim de se saber se afiguraria legítimo, não somente diante do federalismo, mas também e principalmente em face da competência do legislador, a incidência, por via de transposição analógica, à Administração Pública de Estado-membro, de dispositivo da legislação federal responsável por elencar as hipóteses de destituição antecipada dos dirigentes das agências reguladoras.

CAPÍTULO III

SOBRE A REGULAÇÃO INDEPENDENTE E SEU CONTROLE JUDICIAL – NOÇÕES GERAIS

> A democracia e a aristocracia não são Estados livres por natureza. A liberdade política só se encontra nos governos moderados. Mas ela nem sempre existe nos Estados moderados; só existe quando não se abusa do poder; mas trata-se de uma experiência eterna que todo homem que possui poder é levado a dele abusar; ele vai até onde encontra limites.[134]

134 MONTESQUIEU, Charles-Louis de Secondat. *Do espírito das leis*, Livro Décimo Primeiro, Capítulo V. Versão para a língua portuguesa disponível em: www.dhnet.org.br. Acesso em: 25 ago. 2019.

1 – São as decisões das agências reguladoras passíveis de controle judicial?

A possibilidade dos juízes em sindicar os atos emanados da Administração, especialmente a extensão dessa fiscalização, constitui sempre uma questão que se torna sensível para a divisão de poderes.

No caso do sistema jurídico pátrio, a não adoção do modelo do contencioso administrativo, mas sim o dito da jurisdição única, tal como se tem com o art. 5º, XXXV, da Lei Maior, faz com que se desperte atenção para os seus limites.

A atividade das agências, em face de sua propalada independência, faz com que se possa sugerir a impossibilidade de tal controle, assertiva que somente impressiona a um primeiro súbito de olhos.

Explico. Toda atividade exercida pela Administração – conjunto no qual se insere a regulação independente – há de ser vinculada ao Direito e, portanto, o controle jurisdicional se mostra adequado para a correção de eventual ilegalidade.

Noutro passo, não se esquecer, conforme visto no capítulo antecedente, que a independência (ou autonomia) do ente ou órgão regulador, bem como suas competências, resulta de uma outorga do legislador e seu desempenho há de ter lugar à medida exata dos ditames legais. Segue-se, portanto, que, em havendo exorbitância ou ofensa a estes, no exercício da competência pelo regulador, mostra-se forçosa sua correção judicial.

Outras razões podem ser elencadas. Gaspar Ortiz[135] alude a uma inevitável distinção entre o regime legal, ou teórico, e a prática regulatória. O regime regulatório, definidor dos direitos e deveres dos operadores (autoridades, agentes econômicos, gestores e usuários), que se mostra fundamental, há de ser claro, estável, equilibrado, devendo

---

135 ORTIZ, Gaspar Ariño. *Principios de derecho público económico*: modelo de Estado, gestión pública e regulación económica. Granada: Editorial Comares, 2001, pp. 606-607.

conter regras e princípios credíveis, capazes de inspirar confiança. Isso não se questiona. Porém, tal não define soluções pré-determinadas e fechadas a todas as situações conflituosas que a realidade múltipla e complexa pode acarretar.

Aqueles (ou seja, os direitos e deveres regulatórios) permitem apenas – diz o autor – a formulação de critérios flexíveis de atuação, vinculados ao respectivo objetivo, de maneira que, por exemplo, a verificação de se existem abusos de mercados, ou outros vícios, são problemas entregues ao juízo discricionário e técnico dos órgãos competentes.

Por isso, tão importante não somente as regulações, mas igualmente o são os reguladores que possuem competência para a sua aplicação. Não basta, assim, o desenho legal da regulação, sendo indispensável o caráter exemplar dos homens e mulheres aos quais é confiada a tarefa.

Os riscos da regulação – que não são outros senão a discricionariedade, a arbitrariedade, a parcialidade ou a falta de credibilidade do regulador – enseja muitos perigos, o que justifica a necessidade de controle judicial.

Essa disfunção – que, para Karlos Navarro e Miguel Ángel Sendín García,[136] é oriunda de interesses egoísticos do regulador, alheios ao interesse público – é conhecida como a captura, podendo suceder em favor de três tipos de sujeitos, quais sejam os empresários regulados, o governo ou determinadas forças políticas, ou ainda em favor dos consumidores e usuários de determinado setor.

A percepção do problema não escapou a Sunstein,[137] ao frisar que, enquanto o objetivo central do Direito Administrativo é o de limitar o poder dos grupos privados sobre as agências, a autonomia destas tem

---

136 NAVARRO, Karlos; GARCÍA, Miguel Ángel Sendín. *In*: RUIZ, Jorge Fernandéz (Coord.). *Derecho administrativo global*. México - D. F.: Editorial Porrúa, 2013, pp. 577-578.

137 SUSTEIN, Cass R. "O constitucionalismo após o *New Deal*". *Regulação econômica e democracia*. Trad. Jean Paul Cabral Veiga da Rocha. 1ª Ed. São Paulo: Editora 34, 2004, p. 153.

servido não como uma garantia de uma administração neutra, mas como um ponto vulnerável a ensejar as pressões de grupos bem organizados. Daí ser um corretivo promissor o controle pelos três ramos constitucionais.

No que concerne à realidade brasileira, o desvio de função do regulador constitui preocupação de Sophia Félix Medeiros,[138] a qual, para tanto, parte da consideração de que a maioria das agências pátrias se volta à regulação de segmentos de serviços de infraestrutura, cuja organização, na sua maioria, sucede mediante monopólios naturais, sendo, assim, passível de ensejar abusos de mercado capazes de propiciar aumento excessivo dos lucros pela fixação de preços abusivos, inadequada quantidade e qualidade dos produtos, danos sociais à saúde e ao meio ambiente etc.

Por isso, é de se requerer, nas agências nacionais, estruturas e processos regulatórios aptos para evitar tais distorções, intento que, na prática, vem esbarrando em inúmeras dificuldades, decorrentes do elevado poder de coesão dos agentes regulados, da influência regulatória dos grandes agentes e da assimetria de informações.[139]

---

138 MEDEIROS, Sophia Félix. "Sobre os desvios regulatórios na Agência Nacional de Energia Elétrica". *Interesse Público*, ano 19, n. 104, jul./ago. 2017, pp. 198-202.

139 Discorrendo sobre o desvio de finalidade regulatório, com enfoque voltado ao setor elétrico, a autora (MEDEIROS, Sofhia Félix. "As agências reguladoras e a captura: um ensaio sobre os desvios regulatórios na Agência Nacional de Energia Elétrica". *Interesse Público*, ano 19, n. 104, jul./ ago. 2017, pp. 198-202.) afirma, quanto ao poder de coesão e influência regulatória dos agentes, que a reforma do setor elétrico, realizada na década de 1990, visando a facilitar a competição nos setores de geração e comercialização, bem como a facilitar o seu controle pelo ente regulador, segregou as atividades de geração, transmissão, distribuição e comercialização, sendo de notar que, igualmente, houve a organização de uma estrutura participativa na qual as decisões importantes para o setor somente são tomadas após a apreciação de tais agentes em audiências e consultas públicas, de sorte que, com a especialização dos agentes regulados, verificou-se a organização destes em grupos de pressão bastante coesos. Isso sem contar as associações setoriais de empresas, num número em torno de vinte, cada qual visando à defesa de interesses especiais com elevado embasamento técnico nas discussões realizadas pelas agências, fazendo com que se torne irrelevante a participação de consumidores cativos (representados por conselhos de consumidores). Por isso, a participação representativa dos cidadãos deveria ocorrer

Desse modo, tem-se o eventual desvirtuamento da função reguladora como um vício intolerável diante da ordem jurídica. Disso segue a consagração do Estado Social e Democrático de Direito não tolerar que tal fenômeno fique isento do alcance jurisdicional, pois, do contrário, estar-se-ia concebendo uma forma a mais de se aceitar uma tirania.

A essas, outras razões podem ser acrescidas. Uma delas tem o seu impulso a partir da própria ideia de *expertise*, utilizada como razão para se assegurar a independência, no plano político, dos entes reguladores, dando-lhes credibilidade diante do político. Se assim o é, por um plano, doutro, como diz João Nuno Calvão,[140] uma excessiva valorização do especialista técnico pode acarretar uma perigosa transferência do poder de decisão da política para a ciência.

Daí que, no nosso entender, a incidência do controle jurisdicional se transforma em mais um argumento para frenar eventuais abusos por partes das autoridades técnicas.

Por isso, a objeção de que a admissibilidade do exame jurisdicional restaria comprometida, só por só, pelo discurso de que aos juízes escapam relevantes aspectos que defluem da ausência de uma formação e conhecimento técnico sobre as peculiaridades dos assuntos regulados, aparentemente sedutora, não merece prosperar.

---

com representantes de outros setores da sociedade civil, tais como as universidades e entidades voltadas à proteção ambiental. Em seguida, aponta a autora MEDEIROS, "As agências reguladoras e a captura: um ensaio sobre os desvios regulatórios na Agência Nacional de Energia Elétrica". *Interesse Público,* ano 19, n. 104, jul./ago. 2017, pp. 198-202, que, embora a informação se apresente fundamental no âmbito dos setores regulados, sendo vital para o desenvolvimento da estratégia das empresas, apresenta-se fundamental na definição desta, a dependência dos reguladores frente aos regulados para a obtenção de informações precisas sobre vários aspectos (custos de fornecimento, despesas operacionais etc.), havendo, assim, possibilidade de uma influência no conteúdo e nos efeitos das decisões das agências.

140 SILVA, João Nuno Calvão. *Agências de regulação na União Europeia.* Coimbra: GESTLEGAL, 2017, pp. 571-572.

Já Juan José Montero Pascual[141] expõe que um escasso controle judicial sobre os atos dos órgãos de regulação se mostra assaz preocupante. Isso porque a atividades das administrações independentes já não estão submetidas aos controles normais inerentes às competências administrativas.

Tanto que diz o autor, com base no ordenamento espanhol, que inexiste qualquer controle no âmbito da Administração sobre tais decisões, seja sob o fundamento hierárquico ou mediante a interposição de recursos administrativos. Igualmente, o controle parlamentar não vem resultando efetivo.

Numa exposição crítica diante do que denominaram de "buraco negro" (*agujero negro*), especialmente no particular da delegação de competência normativa em favor dos entes reguladores no direito argentino, com apoio no texto constitucional de 1994 (art. 76), há uma ótima sistematização dos seus riscos por Santiago M. Castro Videla e Santiago Maqueda Fourcade.[142]

Os autores declaram que tal circunstância no âmbito regulatório não seria mais do que um fenômeno de interesse intelectual, caso não fosse a possibilidade de incrementar os riscos de violação dos direitos fundamentais – o que, é claro, é uma asserção justificadora do controle judicial.

Apontam, para tanto, cinco motivos. O primeiro é o de que a regulação econômica está em todos os lados, pois praticamente não existe nenhuma atividade à qual não se resulta aplicáveis tipos de regulação. Em segundo lugar, a elaboração das regulações econômicas encontra-se em boa medida descentralizada e, em face disto, em muitas ocasiões possui pouca visibilidade, faltando-lhe, assim, o suficiente controle democrático e da opinião pública. Noutro passo, a função regulatória, ao estabelecer em

---

141 PASCUAL, Juan José Montero. "La actividad administrativa de regulación: definición y régimen jurídico". *Revista Digital de Derecho Administrativo*, n. 12, segundo semestre de 2014.

142 VIDELA, Santiago M. Castro; FOURCADE, Santiago Maqueda. *La delegación legislativa y el Estado regulatorio - una mirada crítica al agujero negro de la regulación*. Buenos Aires: Editorial Ábaco de Rodolfo Depalma, 2018, pp. 57-60.

caráter geral regras de comportamento econômico, apresenta probabilidade de erro por falta de informação adequada, o que é capaz de conduzir a conclusões não razoáveis, por inadequadas, desnecessárias ou desproporcionais. Ao depois, ao lado da possibilidade de equívoco, a atividade regulatória é passível da "captura do regulador", uma vez os diversos grupos de direito privado contarem com fortes incentivos para se agrupar e impulsionar a formulação das regulações que outorguem benefícios decorrentes da imposição de custos dispersos e menores em face dos consumidores. À derradeira, a existência de delegação legislativa desenvolve necessariamente a quantidade e intensidade das medidas regulatórias, tendo em vista que, diante do escasso controle das agências pelo eleitorado, estas aproveitarão essa oportunidade para expandir sua atividade.[143]

Portanto, percebe-se dessas argumentações da doutrina que a ausência de uma submissão de tais decisões ao crivo judicial contribui para que o regulador vá – e muito – além da independência, tornando-se, na prática, irresponsável, patrocinando, ao invés da salvaguarda, a afetação indevida de direitos.

Ponto que precisa ser aclarado – com relação ao qual voltaremos a nos ocupar adiante – é o da extensão do controle jurisdicional. Há controvérsias que precisam ser enfrentadas.

Por exemplo, Gaspar Ortiz,[144] tendo em vista as operações de concentração de empresas, inclusive e principalmente de instituições financeiras,

---

143 Interessante o remate dos autores: "Em suma, a incorporação da regulação econômica ao desenho constitucional original implicou um incremento notório dos riscos e perigos para os direitos constitucionais das pessoas, os quais se agravaram com o surgimento e consolidação do buraco negro da regulação" (En suma, la incorporación de la regulación económica al diseño constitucional original implicó un incremento notorio de los riesgos y peligros hacia los derechos constitucionales de las personas, los que se agravaron con el surgimiento y consolidación del agujero negro de la regulación. VIDELA, Santiago M. Castro. *La delegación legislativa y el Estado regulatorio - una mirada crítica al agujero negro de la regulación*. Buenos Aires: Editorial Ábaco de Rodolfo Depalma, 2018, p. 60.).

144 BIANCHI, Alberto B. "El control judicial de las entidades reguladoras. La necesaria expansión del Estado de Derecho". *Revista de Administración Pública*, n. 182, mai./ago. 2010, pp. 21-23.

propugna por um exame jurisdicional limitado, porque tais atos emanados de competências administrativas de ordenação de setores econômicos, cujos efeitos são de grandes dimensões, constituem verdadeiras medidas de política econômica geral, sendo de se perguntar quais seriam as técnicas ou instrumentos utilizáveis para o exame de seu conteúdo. Em muitas hipóteses, nas quais a lei outorga expressamente ao Governo competência discricionária, não seria admissível que a sua apreciação fosse substituída pela do juiz.

Num sentido oposto, José Montero Pascual propugna um controle judicial mais amplo sobre os comportamentos dos órgãos e entes reguladores independentes, o qual deve suplantar os seus aspectos vinculados, para o fim de valorar os aspectos de fundo ou de conteúdo dos mesmos.

Com vistas a afastar óbices, sugere fórmulas para o reforço da fiscalização judicial, salientando que se deve partir de um adequado diagnóstico da natureza da função regulatória, cuja característica principal é a sua discricionariedade, à qual se soma uma complexidade técnica.

Assim, propõe: a) o incremento da habilitação técnica dos tribunais, sendo razoável a criação de órgãos jurisdicionais especializados que concentrem a apreciação de recursos contra os atos administrativos de cunho econômico em geral e reguladores em particular; b) a exigência de uma motivação reforçada dos atos do regulador; c) adoção de um procedimento escrupuloso quanto aos direitos dos interessados; d) a participação de peritos.

A questão do alcance do controle jurisdicional será o objeto de aprofundamento nos tópicos que seguem. Para tanto, será fundamental a divisão das decisões dos órgãos reguladores independentes, bipartindo-as em atos normativos e atos que possam afetar posições jurídicas de administrados individualizáveis, referida no capítulo antecedente, tópico 3. A despeito disso, nossa abordagem se restringirá ao cotejo com o Direito dos comportamentos normativos dos reguladores.

Mas, antes, será indispensável se tecer algumas considerações sobre peculiaridades do sistema jurídico pátrio que impactam sensivelmente com a importação do modelo de agências, o que faremos a seguir.

2 – Algumas advertências diante do sistema jurídico nacional

Uma nota interessante é a de que o cenário jurídico-administrativo da Administração brasileira, quando da promulgação da Constituição de 1988, não convivia com a figura do ente regulador independente. O texto magno se limitava a consagrar, no art. 174, a condição estatal de agente normativo e regulador, com atribuições de fiscalização, incentivo e planejamento, sem, no entanto, delinear o formato de como instrumentalizar tal atuação.

A questão foi deixada para o legislador, mas não se pode esquecer que a ação deste não se encontra dissociada das limitações da estrutura constitucional vigente, até porque uma das características do Estado de Direito na atualidade é a da vinculação dos órgãos públicos à constituição.

Cioso dessa singularidade, Francisco Cavalcanti[145] deixa claro que, se é possível dizer de que a figura da agência, ente regulador autônomo, representa um dos maiores contributos do *administrative law* norte-americano, principalmente ao depois do APA de 1946, pode-se dizer que, no direito latino-americano, a exemplo do direito europeu, a figura encontra dificuldades de adaptação em face dos traços delineadores dos correspondentes sistemas jurídicos.[146]

145 CAVALCANTI, Francisco. "A independência da função reguladora e os entes reguladores independentes". *Revista de Direito Administrativo*, vol. 219, jan./ mar. 2000.

146 Essa indispensável advertência se encontra igualmente realçada por GUINARD-HERNÁNDEZ, "La 'regulación' econômica como instrumento de dirección estatal de la economia". *Revista Digital de Derecho Administrativo*, n. 18, 2017, pp. 206-208, que, ao depois de salientar o caráter congregacional da cultura jurídica anglo-saxônica, de base puritana, a favorer a autonomia, a autodeterminação e a prática eletiva, de modo a perceber o ordenamento como uma ferramenta, expõe que a interpretação da cultura da função reguladora independente no direito continental há que ser efetuada com grande precaução e com denso respeito às instituições e princípios que estruturam e orientam cada ordenamento jurídico. Daí que afirmar que, se é correto que a competência regulatória se mostrou necessária para a disciplina dos vários mercados, com o propósito de se promover o bem comum e a justiça distributiva, não menos parece acertado "é que na implantação dos modelos

Tais entraves repousam na forma como assimilado o princípio da legalidade nos modelos constitucionais, ensejando, assim, a necessidade de se encontrar um respaldo para o exercício da competência para a emissão de normas secundárias, o fez avivar a ideia de deslegalização. Noutro passo, chama atenção o exercício do poder de polícia, envolvendo a possibilidade de aplicação de sanções, a requerer procedimentos ablativos isentos da interferência política e do poder econômico.

Não olvidou o autor a questão da realidade da América Latina, envolta por países ainda não desenvolvidos, impregnados, na sua realidade, por elevados índices de corrupção e empreguismo político, denotando ainda traços fortes do modelo administrativo patrimonialista.

Essa preocupação também germinou no México, onde Armando David Rodríguez Maldonado,[147] embora reconhecendo que o Estado regulador norte-americano tem o seu pilar fundamental na atuação das agências administrativas, mostra que tal resulta de uma maturidade institucional iniciada na década de 1930, circunstância que não encontra paralelo nas instituições mexicanas.

Por isso, a influência do modelo vivenciado satisfatoriamente pelos Estados Unidos não pode aqui ser recebida de forma inteiramente

---

regulatórios nos países cujos ordenamentos jurídicos pertencem à tradição continental europeia se deve ter em conta a tridivisão de poderes, as garantias fundamentais e os princípios cardeais derivados do constitucionalismo moderno (a legalidade, a igualdade, a proporcionalidade e a razoabilidade), de sorte a adaptá-los às condições próprias dos ordenamentos jurídicos internos" ["es que en la implantación de los modelos regulatorios en los países cuyos ordenamientos jurídicos pertenecen a la tradición continental europea se deben tener en cuenta la tridivisión de poderes, las garantías fundamentales y los principios cardinales derivados del constituiconalismo moderno (como la legalidad, la igualdad, la proporcionalidad y la razonabilidad), en orden a adaptarlos a las condiciones propias de los ordenamientos jurídicos internos". GUINARD-HERNÁNDEZ, David. "La 'regulación' econômica como instrumento de dirección estatal de la economia". *Revista Digital de Derecho Administrativo*, n. 18, 2017, p. 208.

147 MALDONADO, Armando Rodríguez David. *Poder Executivo y Estado administrativo:* El caso comparado de México y los Estados Unidos. México, D.F.: Tirant lo Blanch, 2014, pp. 156-160.

acrítica, mas sim à luz de elementos extraídos de nossa realidade e, igual e especialmente, de nossa ordem jurídica.[148]

Daí ser possível, à vol d'oiseau, o apontamento de algumas facetas a se ponderar. A primeira delas, sem sombra de dúvida, é o caráter extensamente analítico da Constituição de 1988, sendo de notar o detalhamento do processo legislativo e das fontes normativas, o que, como visto, interfere no modo de elaboração de regras pelas agências.

Isso sem contar a fixação, em muitos pontos do diploma constitucional, de situações onde o constituinte entendeu submeter à reserva legal, implicando, assim, numa exclusão de outras fontes, salvo a própria Lei Fundamental, para a sua disciplina.

E não somente isso. Uma constituição concisa, cujos preceitos apresentam uma linguagem aberta, tal como a norte-americana, permite sua atualização pela via interpretativa, de maneira a lhe conferir uma dinâmica, mediante a qual o seu texto passe a ostentar uma perene adaptação das normas à vida coletiva, competindo aos intérpretes, muitas

---

148 Aqui é de se invocar Francisco CABALLERO, "Metodología comparativa para el derecho administrativo". *Revista española de Derecho Administrativo,* n. 200, jul./set. 2019, PP. 73-74, ao abordar os modelos vertical e horizontal de comparação jurídica. Especificadamente quanto ao último, que incide quando se procede a uma seleção de um determinado direito nacional, mostra-se necessário o exame de filtros valorativos, sendo o primeiro deles o que denomina de validez, consoante o qual uma possível regra ou explicação teórica externa não pode ser recebida ou trasladada a outro sistema jurídico, se é incompatível com as regras e princípios deste. Por exemplo, alude à competência regulamentar do Primeiro Ministro, no modelo constitucional francês, de caráter autônomo, prescindindo de lei prévia, a qual é insuscetível de transposição ao sistema constitucional alemão, porque assim o proíbe a Lei Fundamental de 1949. O segundo filtro metodológico é o de coerência. Assim, um enunciado jurídico, normativo ou explicativo, somente pode ser trasladado para fora do correspondente sistema à medida que não se mostre incoerente com a estrutura do ordenamento receptor. Menciona a regulação pelo *administrative law judges* do direito norte-americano, no qual em procedimento administrativo funcionários decidem sobre controvérsias entre particulares, somente limitadamente poderia ser adaptado ao Direito Administrativo espanhol, onde os funcionários administrativos contam com poderes decisórios limitados.

vezes, alterar – melhor dizendo, ajustar – o sentido do texto conforme as circunstâncias vivenciadas, adaptando-o a estas.

Tal característica é assinalada, de forma categórica, em Zagrebelsky, para quem:

> O caráter criativo da jurisprudência, segundo este modo de ver, depende da natureza das normas que se encontram nos seus diversos "graus de desenvolvimento" do ordenamento jurídico: isto é, depende estruturalmente do próprio direito. Estrutura do direito e discricionariedade do juiz se realizam uma junto com a outra.[149]

Um pouco adiante, prossegue o autor, esclarecendo que tal potencialidade criativa está associada à textura aberta da norma interpretada.[150]

O sistema de fontes, assim, apresenta-se como indiscutivelmente relevante numa comparação jurídica.[151]

---

149 "Il carattere creativo della giurisprudenza, secondo questo modo di vedere, dipende dalla natura delle norme che si riscontrano nei diversi 'gradi di sviluppo' del l'ordinamento giuridico: dipende cio struturalmente dal diritto stesso. Struttura del diritto e discrezionalità del giudice si tengono l'una con l'altra". ZAGREBELSKI, Gustavo. *Il giudice delle leggi artefice del diritto.* Editoriale scientifica: Napolés, 2007.

150 Eis, por despertar interesse, a passagem que segue: "A raiz da discricionariedade estaria, por assim dizer, em 'razões comunicativas', conexas à natural *open texture* da linguagem, em geral, e da linguagem jurídica, em particular. Esta última linguagem, sendo constituída de noções de gênero, apresentaria, em torno de um núcleo linguístico rígido ao qual o juiz não pode se evadir, uma 'aura de incerteza em suas margens', onde a linguagem mostra uma elasticidade à disposição de quem a usa e de quem a recebe" ("La radice della discrezionalità starebbe, per così dire, in 'ragioni comunicative', connesse alla naturale *open texture* del linguaggio, in generale, e del linguaggio giuridico, in particolare. Quest'ultimo linguaggio, essendo costituito da nozioni di genere, presenterebbe, attorno a un nucleo linguistico rigido al quale il giudice non può sfuggire, un 'alone di incertezza ai margini', dove il linguagio mostra una sua elasticità a disposizione di chi lo usa e di chi lo riceve. ZAGREBELSKI, Gustavo. *Il giudice delle leggi artefice del diritto.* Editoriale scientifica: Napolés, 2007.

151 Ver, a respeito, afirmação de MONATERI, "Globalización y derecho europeo de los contratos". In: GONZALES, Carlos Agurto; MAMANI, Sonia Lidia Quequejana (Coord.). *Los límites de la interpretación jurídica y el derecho comparado.* Lima: Ara

Outra diferenciação está no sistema federal, verdadeiramente praticado nos Estados Unidos, a se comprovar pela circunstância das unidades federadas possuírem competência para legislar sobre vários ramos jurídicos de relevo (civil, comercial, processual, criminal, eleitoral etc.), de maneira que grande parcela de questões escapa ao descortino da Suprema Corte, salvo violação a preceito da Constituição de 1787, restando resolvidas no âmbito do Judiciário dos Estados. Com isso, evita-se sobrecarga de processos para o mais elevado tribunal do país.

Há ainda que se considerar a organização judicial dos Estados Unidos. Em se tratando da Suprema Corte, bem assim dos tribunais (tribunais de circuito) e juízes federais (juízes de distrito), por força do Artigo II, Seção 2, da Constituição em vigor,[152] compete à lei federal traçar sua organização e competência. Quanto aos órgãos judiciários estaduais, tal competência é inerente às respectivas constituições e leis.

Diversamente, a opção nacional foi a de praticamente transpor à província constitucional uma disciplina assaz detalhada da organização do Poder Judiciário, inclusive e com maior intensidade quanto à competência dos órgãos jurisdicionais. Basta ver os arts. 92 a 126 da Lei Maior de 1988, sem contar a extensão peculiar a uma grande parte destes preceitos.

Segue-se, então, que a alternativa perfilhada pelos norte-americanos, além de simples, é excessivamente pragmática, porquanto permite que o legislador, numa matéria extremamente complexa e suscetível de

---

Editores, 2009, pp. 130-131, consoante a qual as fontes do Direito, as regras de interpretação e a organização dos tribunais representam as referências principais que servem para identificar a filiação de um sistema a uma mesma família jurídica. Portanto, não se pode negar que se afiguram úteis para a aferição de similitudes entre diversos sistemas jurídicos.

152 "Artigo III Seção 1 - O Poder Judiciário dos Estados Unidos será investido em uma Suprema Corte e nos tribunais inferiores que forem oportunamente estabelecidos por determinações do Congresso. Os juízes, tanto da Suprema Corte como dos tribunais inferiores, conservarão seus cargos enquanto bem servirem, e perceberão por seus serviços uma remuneração que não poderá ser diminuída durante a permanência no cargo". Disponível em: www.uel.br. Acesso em: 07 out. 2019.

rápidas transformações, possa, com uma maior flexibilidade, dispensar tratamento quanto à competência e quanto à própria viabilidade do exame jurisdicional.

Tanto é assim que o legislador formula hipóteses de exclusão do controle judicial (*judicial review*) quanto aos atos das agências.[153]

Essas diferenciações hão de alcançar repercussão na análise do controle das decisões das agências pelos juízes no direito brasileiro.

153 Assim, o Título 5 , Parte I, Capítulo 7, Secção 701, a, do APA, dispõe: "(a) Este capítulo se aplica, de acordo com as suas disposições, exceto quando: (1) os estatutos excluem a revisão judicial; ou (2) a atuação da agência é praticada com discrição por força da lei" ["(a) This chapter applies, according to the provisions thereof, except to the extent that: (1) statutes preclude judicial review; or (2) agency action is committed to agency discretion by law". Disponível em: www.law.cornell.edu. Acesso em: 27 ago. 2019).

CAPÍTULO IV

A COMPETÊNCIA NORMATIVA DAS AGÊNCIAS REGULADORAS E O SEU CONTROLE JUDICIAL

> (...) vimos a possibilidade de que a lei se converta numa simples medida técnica da organização burocrática, sem conexão com a justiça, e ainda mais, em um verdadeiro instrumento positivo de opressão e de "perversão dos ordenamentos jurídicos", estamos tomando mais e mais consciência de que o mais perigoso dos poderes arbitrários é precisamente o do próprio legislador.[154]

154 ENTERRÍA, Eduardo García de. "La interdicción de la arbitrariedad en la postestad reglamentaria". *Revista de Administración Pública*, número 30, set./dez. de 1959, pp. 155-156. "(...) hemos visto la posibilidad de que la ley se convierta en una simple medida técnica de la organización burocrática, sin conexión con la justicia, y aún más, en un verdadero instrumento positivo de opresión y de 'perversión de los ordenamientos jurídicos', estamos tomando más y más conciencia de que el más peligroso de los poderes arbitrarios es precisamente el del legislador mismo".

1 – As agências reguladoras no Brasil e sua função normativa

A regulação independente, pelo arcabouço de competências que enfeixa, traz de logo a questão de sua adequação ao sistema constitucional onde sua atuação terá lugar.

Essa preocupação foi aventada por Vital Moreira[155] quando, ao lado do debate sobre a admissibilidade constitucional dos entes reguladores, suscitou mais dois questionamentos, dizendo o primeiro deles – o qual aqui nos é de interesse – respeito à amplitude dos poderes dos seus dirigentes.

Por sua vez, é sabido que uma das competências principais das agências está na elaboração de regras, capazes de vincular terceiros, e, por isso, é preciso aferir sua adequação com a constituição. A indagação envolve, sem dúvida, a divisão de funções entre os segmentos estatais.

No direito norte-americano, restou admitida, não antes sem uma controvérsia que terminasse em discussão nos tribunais, a figura da delegação legislativa para o fim de se legitimar a prerrogativa das agências em elaborar normas que venham a impor sua obrigatoriedade aos administrados.[156]

---

155 MOREIRA, Vital. *Administração autónoma e associações públicas*. Coimbra: Coimbra Editora, 2003, pp. 134-135.

156 A aceitação da delegação legislativa foi patrocinada pela jurisprudência ainda no século XIX, como o demonstra julgado da Suprema Corte (*Wayman v. Southard, 10 Wheat*) de 1825, mediante o qual se reconheceu a validade do *Federal Process Act* de 1792, na parte onde autorizava as cortes federais a estabelecerem normas sobre processo. O entendimento se reproduziu no *Field v. Clark* (143 US 649) de 1892, no qual se validou lei que, em regulando taxas e isenções a produtos importados de determinados países, permitiu-se que, diante de determinadas situações, pudesse o Presidente da República suspender a isenção, prosseguindo no *Butterfield v. Stranahan* (192 US 470) de 1903, no qual se entendeu constitucional dispositivo de lei que delegou ao Secretário do Tesouro a adoção de disposições mínimas para se aferir a qualidade do chá importado. Posteriormente, no ano de 1928, *Hampton Company v. United States* (275 US 394), a Suprema Corte passou a entender, para o fim de viabilizar as delegações, a necessidade de se vislumbrar um princípio inteligível na

Por isso, é possível se afirmar, no que concerne a uma categoria principal de regras (*rules*) elaboradas pelas agências, quais sejam as *substantive* ou *legislative rules*, que estas portam a autoridade de lei formal, sob a forma de uma delegação legislativa.

A adoção de uma divisão de poderes reconhecida implicitamente mediante a dinância da estrutura de poder, sem preceitos constitucionais que a delimitassem em termos precisos, permitiu que assim pudesse se compreender.[157]

Diversamente, além de consagrar a Constituição de 1988, de modo expresso, a separação de poderes entre Legislativo, Executivo e

---

lei de delegação (*intelligible principle*), inicialmente mediante diretrizes suficientes e claras (*meaningful standards*) até chegar à admissão de uma forma mais permissiva e flexível (*meaningless standards*). As exceções – as quais não seguiram adiante – sucederam com *Panama Refining Company v. Ryan* (293 US 388) e *ALLAN Schechter Poultry Corporation v. United States* (295 US 495), ambos de 1935.

157 O entendimento contrário à delegação – que, segundo SCHWARTZ, *American administrative law*. 1ª Ed. Londres: Sir Isaac Pitman & Sons, 1950, pp. 18-19, teria sua inspiração em lição de John Locke – foi, ainda no dizer do autor SCHWARTZ, Bernard. *American administrative law*. 1ª Ed. Londres: Sir Isaac Pitman & Sons, 1950, p. 26, delineado, na prática, como uma doutrina tendente a impedir uma excessiva delegação em favor do Executivo, de maneira a representar uma possível abdicação da própria função legislativa. Daí que referido ponto de vista não impediu integralmente a delegação, explicitando CARBONELL, *Agencias y procedimiento administrativo nos Estados Unidos de América*. Madri: Marcial Pons, 1996, p. 28, como razão para justificá-la, a circunstância de que, se as leis se legitimam pelo princípio democrático, a legitimidade da competência normativa das agências deriva da legitimidade da habilitação que, em seu favor, estipulou o Congresso. Parece ter contribuído para a afirmação dessa solução, superando as dificuldades que resultavam do Artigo I da Constituição de 1787, lição constante do Capítulo XLVII de O Federalista, HAMILTON, A; MADISON, J.; JAY, J. *El Federalista*. 2ª Ed. Trad. Gustavo R. Velasco. México: Fondo de Cultura Económica, 2001, pp. 204-206, do qual cuidou Madison. Influenciado por Montesquieu, a quem atribuiu o mérito de haver exposto e recomendado à atenção da humanidade as vantagens da divisão de poderes, argumentou Madison que o autor francês apontou a ausência de liberdade quando se encontrarem reunidos num mesmo corpo de agentes públicos as funções legislativas e executivas ou ainda se estas, juntamente com a de julgar, estivessem igualmente concentradas. Dessa maneira, não quis afirmar ser nocivo que um dos segmentos estatais viesse a intervir parcialmente nos atos que se encontram sob o domínio de outro.

Judiciário, no seu art. 2º, inserto no Título I, dedicado à enunciação dos princípios fundamentais que alicerçam a República Federativa do Brasil, delimitou-a, como se assim não bastasse, com minudência no seu Título IV – Da Organização dos Poderes (arts. 44 a 126).

A atividade legislativa alcançou disciplina exaustiva, não somente quanto à organização dos organismos parlamentares, mas, de modo igual, quanto ao processo legislativo, com sua delineação específica para as diversas espécies normativas que prevê (art. 59, I a VII).

Ao disciplinar a lei delegada, o art. 68 da Lei Máxima em vigor foi demasiado completo ao prever o destinatário da delegação, os seus limites substanciais, a sua forma, os termos de seu exercício e a possibilidade de apreciação do texto elaborado pelo Congresso Nacional.

Quanto ao receptor da delegação, o constituinte perfilhou uma reserva em favor do chefe do Poder Executivo, o que se percebe, com facilidade, do pórtico do seu art. 68, ao afirmar "As leis delegadas serão elaboradas pelo Presidente da República".

Com isso, restou afastado do campo da competência normativa das agências reguladoras a possibilidade de, para esse fim, receber do Parlamento – titular do atributo de legislar – delegação para a elaboração de lei formal.

Ao nosso sentir, aqui faltou a percepção, alcançada pelo direito argentino. É que, por ocasião da revisão constitucional de 1994, e se visando a harmonizar o Texto Sobranceiro à regulação independente, tal qual sua acolhida em solo norte-americano, procurou-se uma adaptação do seu texto constitucional.

Por essa razão, entendeu-se conveniente alterar o art. 76 da Constituição da Nação, cujo *caput* agora ostenta a redação que segue: "Artigo 76 - Proíbe-se a delegação legislativa no Poder Executivo, salvo em determinadas matérias de administração ou emergência pública, com prazo fixado para seu exercício e dentro das bases da delegação que o Congresso estabelece".[158]

Santiago Videla e Santiago Foucarde,[159] comentando a inovação constitucional, salientam que as razões que anteriormente fizeram com que se reconhecesse justificada a delegação em favor do Presidente da República, também atuaram para respaldar um novo passo, indispensável para que se pudesse lograr o Estado regulador, consistente em se dispersar a delegação legislativa, distribuindo-a na direção de múltiplos sujeitos distintos da chefia do Poder Executivo.

Daí afirmarem que, no âmbito das delegações legislativas dispersas, é possível se detectar as realizadas em favor dos órgãos subordinados ao Presidente, dos entes descentralizados e ainda em vários sujeitos alheios à Administração Pública Nacional.

Portanto, conclui-se, à evidência palmar, que, contrariamente ao direito dos Estados Unidos, bem como do argentino, após a referida mudança constitucional, no sistema jurídico brasileiro não se pode cogitar da emissão, por parte das agências, de leis ou atos equivalentes a estas.

Porventura não foi por outro motivo que Diogo de Figueiredo Moreira Neto,[160] louvado em García de Enterría, alude a uma classificação acerca da delegação da função normativa às figuras da delegação receptícia, a remissão normativa e a deslegalização.

---

158 "Artículo 76 - *Se prohíbe la delegación legislativa en el Poder Ejecutivo, salvo en materias determinadas de administración o de emergencia pública, con plazo fijado para su ejercicio y dentro de las bases de la delegación que el Congreso establezca*". Disponível em: www.servicios.infoleg.gob.ar. Acesso em: 02 set. 2019.

159 VIDELA, Santiago M. Castro; FOURCADE, Santiago Maqueda. *La delegación legislativa y el Estado regulatorio – una mirada crítica al agujero negro de la regulación.* Buenos Aires: Editorial Ábaco de Rodolfo Depalma, 2018, pp. 47 e 49.

160 MOREIRA NETO, Diogo de Figueiredo. *Mutações do Direito Administrativo.* 2ª Ed. Rio de Janeiro: Renovar, 2001, pp. 164-166.

Uma vez afastada a figura da delegação receptícia, prevista no art. 82 da Constituição espanhola de 1978,[161] a qual equivale, num paralelo com o direito pátrio, ao instituto da lei delegada, disciplinada pelo art. 59, de sorte que não é a hipótese adaptável às agências.

Prosseguindo, afasta o autor a hipótese da remissão normativa, que se consubstancia na remessa pela lei a uma normatividade posterior que

---

161 "Artigo 82 - 1. As Cortes gerais poderão delegar ao Governo a competência de ditar normas com força de lei sobre matérias determinadas não incluídas no artigo anterior. 2. A delegação legislativa deverá ser outorgada mediante uma lei de bases quando seu objeto seja a formação de textos articulados ou por uma lei ordinária quando se trate de refundir vários textos legais num só. 3. A delegação legislativa será outorgada ao Governo de forma expressa para matéria concreta e com fixação do prazo para seu exercício. A delegação se esgota pelo uso que dela faça o Governo mediante a publicação da norma correspondente. Não se poderá entender concedida de modo implícito ou por tempo indeterminado. Tampouco poderá permitir a subdelegação a autoridades distintas do próprio Governo. 4. As leis de bases delimitarão com precisão o objeto e alcance da delegação legislativa e os princípios e critérios que têm de se seguir no seu exercício.5. A autorização para refundir textos legais determinará o âmbito normativo a que se refere o conteúdo da delegação, especificando se o mesmo se circunscreve à mera formulação de um texto único ou se inclui a de regularizar, aclarar e harmonizar os textos legais que terão de ser refundidos. 6. Sem prejuízo da competência própria dos tribunais, as leis de delegação poderão estabelecer, em cada caso, fórmulas adicionais de controle" ("Artículo 82 – 1. Las Cortes Generales podrán delegar en el Gobierno la potestad de dictar normas con rango de ley sobre materias determinadas no incluidas en el artículo anterior. 2. La delegación legislativa deberá otorgarse mediante una ley de bases cuando su objeto sea la formación de textos articulados o por una ley ordinaria cuando se trate de refundir varios textos legales en uno solo. 3. La delegación legislativa habrá de otorgarse al Gobierno de forma expresa para materia concreta y con fijación del plazo para su ejercicio. La delegación se agota por el uso que de ella haga el Gobierno mediante la publicación de la norma correspondiente. No podrá entenderse concedida de modo implícito o por tiempo indeterminado. Tampoco podrá permitir la subdelegación a autoridades distintas del propio Gobierno. 4. Las leyes de bases delimitarán con precisión el objeto y alcance de la delegación legislativa y los principios y criterios que han de seguirse en su ejercicio. 5. La autorización para refundir textos legales determinará el ámbito normativo a que se refiere el contenido de la delegación, especificando si se circunscribe a la mera formulación de un texto único o si se incluye la de regularizar, aclarar y armonizar los textos legales que han de ser refundidos. 6. Sin perjuicio de la competencia propia de los Tribunales, las leyes de delegación podrán establecer en cada caso fórmulas adicionales de control" Disponível em: www.congreso.es. Acesso em: 02 set. 2019).

deverá ser elaborada pela Administração sem força de lei, correspondendo à competência regulamentar, prevista no art. 84, IV, da Lei Básica.

Remata favoravelmente à técnica da deslegalização, embasado na jurisprudência do Conselho de Estado da França com início na primeira década do século pretérito, "no sentido de que o titular de um determinado poder não tem dele a disposição, mas tão somente o exercício, passou a aceitar, como fundamento da delegação, a retirada de certas matérias, pelo próprio legislador, do domínio da lei (*domaine de la loi*) passando-as ao domínio do regulamento (*domaine de l'ordonnance*)".[162]

Nesse particular, manifesto uma divergência. A deslegalização não mais é empregada como instituto mediante o qual o legislador, em retirando o tratamento de determinadas do âmbito da lei, passa a transferi-las ao domínio do regulamento, duma maneira que se torne imune à lei, conforme pareceu pretender Diogo de Figueiredo, ao descartar a via da remissão normativa, por esta se confundir com o regulamento de execução.

A deslegalização – di-lo García de Enterría e Tomás-Ramón Fernández –,[163] tal qual a remissão normativa, configura figura de delegação, cuja virtude é a de alargar o campo normativo correspondente ao regulamento, mas que não se presta a alterar, elevando-o, o grau da norma delegada, que persiste sendo uma simples norma regulamentar.

Adiante, comentam os autores, especificamente quanto à deslegalização, consistir esta numa operação mediante a qual uma lei, sem adentrar no plano da regulação material de uma matéria, até então disciplinada por outra norma legal, abre margem para que aquela seja tratada pela competência regulamentar.

Pela circunstância de implicar grave problema em relação com as matérias constitucionalmente reservadas à lei, rematam os autores que

---

162 MOREIRA NETO, Diogo de Figueiredo. *Mutações do Direito Administrativo*. 2ª Ed. Rio de Janeiro: renovar, 2001, p. 166.

163 ENTERRÍA, Eduardo García de; FERNANDÉZ, Tomás-Ramón. *Curso de derecho administrativo*. 10ª Ed. Madri: Civitas, 2001, vol. 1, pp. 274-275.

"o campo, por excelência, das deslegalizações é o organizativo, onde a interposição prévia de uma lei não é exigível pela natureza intrínseca das relações, mas sim por um simples princípio de ordem formal; a deslegalização vem a devolver, por esta via, poderia dizer-se, o conteúdo versado pela competência organizatória da Administração".[164]

Esse aspecto se mostra adequado ao sistema jurídico pátrio quando, no art. 84, VI, *a*, da Constituição Federal, permite ao Presidente da República, mediante decreto, dispor sobre organização e funcionamento da Administração Federal, desde que não implique aumento de despesa nem criação ou extinção de órgãos públicos.

Ao contrário do que possa parecer ao primeiro súbito de olhos, essa previsão de nossa Lei Magna não institucionaliza a figura do regulamento dito autônomo. Inicialmente, porque a matéria não está sob a reserva do regulamento e, ao depois, porque se está conferindo ao Presidente da República o tratamento de assunto típico do Poder Executivo – organização administrativa –, restando afastada hipótese capaz de equiparar tal competência com as inerentes ao legislador, uma vez o constituinte ter excluído a hipótese de aumento de despesa.[165]

A invocação pelo mestre fluminense aos precedentes do Conselho de Estado, proferidos na primeira década da centúria pretérita, como forma de justificar a deslegalização fora do âmbito do regulamento de execução, é, em parte, correta. Isto porque, de fato, conforme expõem Michel Verpeaux e Laetitia Janicot, aquele organismo, na sua atividade

---

164 "(...) o campo por excelencia de las deslegalizaciones es el organizativo, donde la interposición previa de Ley no viene exigida por la natureza intrínseca de las relaciones, sino por un simple principio de orden, formal; la deslegalización viene a devolver por esta via, podría decirse, el contenido de que se trate a la postestad organizatoria de la Administración". ENTERRÍA, Eduardo García de; FERNANDÉZ, Tomás-Ramón. *Curso de derecho administrativo.* 10ª Ed. Madri: Civitas, 2001, vol. 1, p. 275.

165 Essa opinião já a expusemos em escrito antecedente. NOBRE JÚNIOR, Edilson Pereira. Regulamento autônomo versus regulamento de execução. *Direito Administrativo contemporâneo - temas fundamentais.* São Paulo: Juspodivm, 2016, pp. 141-142.

contenciosa, chegou a reconhecer "a validade de regulamentos espontâneos (desvinculados de qualquer habilitação legislativa) e autônomos (não submetidos ao respeito de uma lei, em princípio inexistente) em certas matérias como o funcionamento dos serviços públicos (cf. CE, de 04 de maio de 1906, Babin, p. 365 e CE, de 28 de junho de 1918, Heyriès, GAJA, n. 32) e o poder de polícia administrativa (CE, de 09 de agosto de 1919, Labonne, GAJA, n. 36)".[166]

Logo após, acrescentam que, posteriormente à Primeira Guerra Mundial, sucederam autorizações do legislador para que o Governo pudesse editar decretos portadores da força de lei, ou seja, capazes de modificar as leis então existentes. Tratou-se da prática dos decretos-leis, a qual, nos períodos de crise, tornou-se um procedimento normal na década de 1930, mesmo contrariando o texto das leis constitucionais de 1875, que interditavam tais delegações de competência.

Preciso se observar, então, que, na atualidade, tal prática – que se respaldou em fases nas quais o Estado constitucional de Direito ainda se mostrava incipiente – forçosamente seria rechaçada diante da experiência decorrente da Constituição de 1958.

E mais. Discorrendo sobre o modelo francês de autoridades administrativas independentes, o Conselho Constitucional (Decisão 86-217 – DC, de 18 de setembro de 1986), em analisando a competência da CNCL,[167] reconheceu que o art. 21[168] da Constituição de 1958 não

---

166 "la validité de règlements spontanés (pris en dehors de toute habilitation législative) et autonomes (non soumis au respect d'une loi, par principe inexistant) dans certaines matières comme le fonctionnement des services publics (cf. 4 mai 1906, Babin, p. 365 et CE, 28 juin 1918, Heyriès, GAJA, n. 32) et le pouvoir de police administrative (CE, 9 août 1919, Labonne, GAJA, n. 36)". VERPAUX, Michel; JANICOT, Laëtitia. *Droit public: pouvoirs publics et action administrative.* 1ª Ed. Paris: Press Universitaires de France, 2009, p. 48.

167 Trata-se da Comissão Nacional de Comunicação e Liberdades.

168 "Artigo 21° - O Primeiro-Ministro dirige as ações do governo e é responsável pela defesa nacional. Assegura a execução das leis. Sem prejuízo das disposições do Artigo 13, exerce o poder regulamentar e nomeia para cargos civis e militares. (...)". Disponível em: www.conseil-constitutionnel.fr. Acesso em: 12 out. 2019.

impõe óbice para que o legislador confie a uma autoridade diversa do Primeiro Ministro a competência para fixar, num espaço delineado pelas leis e regulamentos, normas voltadas a pôr em execução a lei. Tal competência, reconhecida, portanto, aos ministros e às autoridades administrativas independentes, é um poder regulamentar especial e confinado a legar execução à lei e que deve respeitar não somente as leis, mas também os regulamentos.[169]

Isso nos leva a concluir que, diante do modelo perfilhado pela Lei Maior de 1988, não há como se visualizar a competência normativa dos entes reguladores independentes como capaz de emitir normas equiparáveis à lei formal, de modo que, dentre os planos normativos existentes, remanesce o plano regulamentar.

Se assim o é, por força da expressão semântica e normatividade do art. 68 da Constituição de 1988, tal conclusão não menos se impõe diante do art. 25 do ADCT, a considerar – não como conselho, mas obrigatoriamente – que, passados cento e oitenta dias da promulgação e vigência da Lei Maior, ficam revogados todos os dispositivos legais que atribuam ou deleguem competências ao Poder Executivo pertencentes ao Congresso Nacional, sendo enfático o seu inciso I em mencionar a inerente à ação normativa.

Por isso, respeitosamente, não concordamos com Tércio Sampaio Ferraz[170] quando, juntamente com a delegação nominada, prevista no art. 68 da Constituição de 1988, e a delegação inominada, a qual diz respeito à competência regulamentar, alude, para o fim de legitimar as

---

169 A menção a tal precedente foi extraída de GENTOT. *Les autorités administratives indépendantes*. 2ª Ed. Paris: Montchrestien, 1994, p. 75. Afigura-se interessante a remissão à observância dos regulamentos pelas normas das autoridades administrativas independentes, a qual deve ser vista *cun grano salis*. Isto porque se está diante de sistema jurídico que contempla o regulamento autônomo, que possui um campo de atuação demarcado constitucionalmente, imune à própria lei. Não pode, assim, ser transposta, à velocidade de um clique, ao direito nacional.

170 FERRAZ JÚNIOR, Tércio Sampaio. *Revista tributária e de finanças públicas*, vol. 35, nov./dez. 2000, pp. 143-158.

regras jurídicas elaboradas pelas agências reguladoras, ao que chama de delegação instrumental.

No entendimento do autor, o princípio constitucional da eficiência porta fundamento para trazer à discussão da delegação de competências entre os poderes uma elementar nova, pois incorpora ao Poder Público, quando do exercício de funções regulatórias no mercado, a obrigação de evitar as assimetrias de informação e, assim, conjurar as suas disfunções.

A eficiência, tendo em vista a disciplina da atividade administrativa nos seus resultados, viabilizaria uma delegação instrumental, mediante a qual a legalidade, referida no art. 5º, II, da Lei Fundamental, não é tanto uma condição e um limite, mas, essencialmente, um instrumento de exercício da atividade administrativa.

Resultaria o lastro do instituto de uma mutação constitucional, a tomar como parâmetro uma interpretação do art. 174, o qual estatui a competência do Estado como agente normativo e regulador da atividade econômica.

A compreensão enfrenta resistências e não apenas pela dificuldade de se cogitar uma mutação constitucional diante de dispositivos sobranceiros precisos.[171] Conspira em seu desfavor a circunstância de que tal competência normativa – cujo colorido não é especificado – é deferida ao Estado e que, de conseguinte, há de ser exercitada diante das especificações constitucionais, dentre as quais sobressaem os arts. 68 da Lei Maior e o art. 25 do seu ADCT.

E, como se não bastasse, o próprio art. 174 inseriu, como limitadora da competência estatal, dentre a qual se encontra abrangida a regulatória, a expressão "na forma da lei".

---

171 Vale aqui lembrar HESSE, "Constitución y derecho constitucional". *Manual de derecho constitucional*. Trad. Antonio Lopez Pina. Madri: Marcial Pons, 1996, p. 10, para quem resulta inadmissível uma interpretação diferente dos comandos constitucionais numa aberta contradição com o seu texto.

Desse modo, não há como se visualizar, com base no mencionado preceito, que a função estatal regulatória emita atos normativos que se equiparem à lei, estatuindo espécime que vai além das normas constitucionais, legais (ou com força de lei) e regulamentares.

Feita essa consideração, tem-se que a convicção acerca da não estatura de força de lei das normas emitidas pelos reguladores se reforça com a lição de Hauriou[172] que, às voltas com a descrição das elementares formais da competência regulamentar (*pouvoir réglementaire*), apontou como sendo as seguintes: a) a forma escrita de regra, a expressar que é formulada e promulgada como uma ordem de autoridade; b) o poder regulamentar de seu autor.

Explicitando o segundo elemento, diz que a competência regulamentar das autoridades administrativas tem origem na constituição e na organização administrativa.

De fato, traçando-se um paralelo com o sistema jurídico pátrio, vê-se que a Constituição de 1988, às expressas, outorga competência para a edição de regulamentos em favor do Presidente da República (art. 84, IV e VI, *a*, da CF), dos Ministros de Estado (art. 87, parágrafo único, II), do Conselho Nacional de Justiça (art. 103 - B, §4°, I), do Conselho Superior do Ministério Público (art. 130 - A, §2°, I) e do Ministério da Fazenda, especialmente no que concerne à fiscalização e ao controle do comércio exterior (art. 237).[173] O mesmo se pode dizer quanto aos regimentos internos dos tribunais (art. 96, I), os quais,

---

172 HAURIOU, Maurice. *Précis de droit administratif et de droit public.* 12ª Ed. Paris: Dalloz, 2002, pp. 555-556. Revista por Peirre Delvolvé e Franck Moderne. A mencionada edição recua ao ano de 1933.

173 Noutro escrito NOBRE JÚNIOR, "Regulamento autônomo versus regulamento de execução". *In: Direito Administrativo contemporâneo - temas fundamentais.* São Paulo: Juspodivm, 2016, pp. 142-143, acentuei que a única exceção para a admissibilidade do regulamento autônomo entre nós – e, mesmo assim, em face da jurisprudência do Supremo Tribunal Federal (Primeira da Turma, v.u., RE 209635 - 1 - CE, rel. Min. Celso de Mello, DJU de 29.08.1997; Segunda Turma, v.u., rel. Min. Marco Aurélio, DJU de 13.11.198) – aparenta ser a do art. 237 da CF, devendo-se notar, por igual, que tal preceito magno não afasta a primazia da lei.

em dispondo sobre a competência e o funcionamento dos seus órgãos jurisdicionais e administrativos, hão de observar as leis processuais e as garantias dessa natureza das partes.

No mais, a competência regulamentar resulta da organização da Administração Pública pátria, englobando, assim, os vários órgãos da Administração Direta e Indireta, nesta se encontrando os entes reguladores, na qualidade de autarquias especiais.

Trata-se de regulamento de execução, instrumentalizado pelo instituto da remissão normativa, já que afastada a hipótese de regulamento autônomo.[174]

---

174 Esse entendimento, no sentido de que as normas editadas pelos entes reguladores portam a estatura regulamentar, é esboçado, embora de modo tímido, por Carlos SUNDFELD, "Conversando sobre Direito Administrativo. *Direito Administrativo para céticos*. 2ª Ed. São Paulo: Malheiros, 2017, p. 38, ao mencionar que, demais de tradicionais a existência dos regulamentos que disciplinam a organização e o funcionamento interno da Administração Pública, tem-se, com o aumento da atuação regulatória estatal no século XX, a recepção por parte da lei em favor dos entes e órgãos administrativos da missão de editar regulamentos para ordenar a atuação dos agentes econômicos em variados setores. No mesmo diapasão, porém, mais enfático, Robertônio Santos Pessoa (*Administração e regulação*. Rio de Janeiro: Forense, 2003, p. 172) sustém que, de acordo com a sistemática de repartição de competências adotada pela Lei Máxima de 1988, juntamente com o princípio da legalidade, estatuído pelo art. 5º, II, daquela, tem-se que a criação ordinária de direitos e obrigações seja da alçada do Poder Legislativo, mediante lei. Daí que as competências atribuídas às agências reguladoras são as previstas em lei, situando-se a sua atuação normativa dentro de um quadro de desenvolvimento normativo de políticas públicas legalmente previstas para um determinado setor. A conclusão, pois, é a de que: "A regulação, pois do ponto de vista jurídico, e na sua vertente normativa, tem a natureza de poder regulamentar". Doravante, à página 175, embora reafirme a natureza regulamentar de tal competência, afirma que se apresenta com um caráter mais flexível e discricionário, o que é típico da regulação. No Supremo Tribunal Federal, a matéria parece ainda carecer de uma melhor análise. Se, por ocasião do julgamento de medida cautelar na ADI 1.668 - 5 - DF (Pleno, mv, rel. Min. Marco Aurélio, DJU de 16.04.2004), ajuizada com a finalidade de impugnar vários dispositivos da Lei n. 9.472/97, dentre os quais os art. 19, IV e X, inerentes à competência normativa da ANATEL consignada no art. 19, IV e X, da Lei n. 9.472/97, resultou da sintonia dos votos deliberação no sentido de que, numa interpretação conforme, aquela se encontra submetida aos termos do art. 84, IV e VI, da Constituição vigente, o que permite vislumbrar sua natureza

Essa qualidade não lhe afasta o apanágio de impor obrigações, não somente quanto ao âmbito interno da Administração (regulamentos administrativos), mas – e especialmente – quanto a terceiros (regulamentos jurídicos). O Supremo Tribunal Federal já decidiu pela possibilidade no HC 85.060-0 – PR,[175] evidenciando-se demasiado elucidativa sua *ratio decidendi.*

O regulamento, tal qual os demais comportamentos administrativos,[176] submete-se a controle pelo Judiciário quando se apontar a presença de violação à ordem jurídica.

Por isso, analisaremos as hipóteses de maior frequência nas quais os juízes poderão sindicar eventual contraste dos atos normativos editados pelas agências reguladoras com as normas constitucionais e legais.

2 – O juiz e a medida da remissão normativa

A remissão normativa – e aqui se volve a Enterría e Fernandéz –[177] sucede quando uma lei remete para uma normatividade posterior, a ser elaborada pela Administração, a disciplina de certos elementos complementares à ordenação que o legislador estatuiu.

---

de regulamento de execução, no desate da ADI 4.874 - DF (Pleno, v.u., rel. Min. Rosa Weber, julgamento em 01.02.2018), percebe-se, pelo voto da relatora, uma situação de indefinição, ao se explicitar que tal função, inconfundível seja com a competência regulamentar ou com o regulamento autônomo, insere-se na organização e fiscalização das atividades submetidas ao poder de polícia.

175 Pleno, mv, rel. Min. Eros Grau, DJe de 12.02.2009.

176 O art. 21 da Lei de Introdução ao Direito Brasileiro, acrescentado pela Lei n. 13.655/2018, alude a cinco categorias de manifestação das condutas da Administração, fazendo referência a ato, contrato, ajuste, processo ou norma, sendo nesta que se encaixam os comandos normativos editados pelas agências.

177 ENTERRÍA, Eduardo García de; FERNANDÉZ, Tomás-Ramón. *Curso de derecho administrativo.* 10ª Ed. Madri: Civitas, 2001, vol. 1, pp. 266-267 e 270-271.

O emprego da técnica em favor dos órgãos e entes administrativos ocorre assiduamente quando a lei: a) enuncia uns princípios de disciplina, remetendo seu desenvolvimento completo em favor do regulamento; b) ao regular determinada matéria, dispõe que alguns dos pontos da mesma devam ser ordenados pela via regulamentar, remetendo a esta uma disciplina secundária.

Daí se tem a remissão específica, na qual o legislador estatui diretrizes explícitas ou implícitas, às quais se devem acomodar a norma remetida, e a remissão genérica, mediante a qual é confiada ao regulamento o desenvolvimento ou execução de uma lei por completo ou de uma parte desta.

Na última situação, o problema dos limites da ação regulamentar se apresenta – enfatizam os autores – com nitidez, pois não se pode aceitar, em regra, qualquer conteúdo para a norma remetida. Faz-se preciso saber, então, se as balizas da remissão se centram no desenvolvimento e execução da lei, de maneira que se torna necessário saber se o regulamento complementa a lei, no sentido por esta almejado, ou se a contraria abertamente.

Isso porque, no dizer daqueles, o regulamento deve sempre e somente consistir no complemento indispensável da lei que desenvolve e, em assim sendo, no duplo sentido de que, por um lado, deve inserir todo o indispensável para assegurar a correta aplicação do diploma legal e, doutro, não incluir mais do que se afigure estritamente indispensável para a garantia dos fins almejados legislativamente.

Essa lição – como afirmado no tópico antecedente – tem inteira aplicação no sistema jurídico pátrio, pois ajustada às relações entre a lei e o regulamento executivo.

Disso, numa face oposta, indica a não aceitação de entendimento tendente à aplicação, automática e sem nenhum laivo de crítica, de orientação jurisprudencial da Suprema Corte Americana, a afiançar uma deferência ampla em favor da autoridade regulatória no sentido de completar o estatuto legal da agência.

Nossa atenção se voltará ao exame de um dos precedentes mais significativos na matéria, qual seja o caso *Chevron.*[178] Cuidava-se de impugnação à regulamentação de um preceito da Lei do Ar Puro (*Clean Air Act*) pela agência de proteção ambiental (*Environmental Protection Agency, EPA*), emitida em 1981, que, em dispondo sobre os requisitos para a autorização e o funcionamento de estabelecimentos industriais, interpretou o conceito de fontes fixas (*stationary source*) de poluição, no sentido de que poderia abranger todas as instalações constantes de um mesmo estabelecimento.

Tal entendimento ensejou um questionamento judicial formulado pelo Conselho de Defesa de Recursos Naturais (*National Resources Defense Council*), organização não governamental, cujo argumento principal seria o de que o propósito do Congresso teria sido o de incluir cada um dos equipamentos individuais geradores de contaminação como fonte fixa, de modo a que fosse aplicado o regime de licenciamento a cada mudança e aquisição, por acompanhamento tecnológico, dos mecanismos individualmente.

O argumento prosperou perante o Tribunal de Circuito, à consideração de que, tendo em vista que anteriormente os precedentes haviam validado o conceito de fonte estacionária aplicável quanto à estrutura industrial por inteiro, a modificação legislativa somente poderia ter objetivado considerar os seus elementos individuais para prevenir a contaminação do ar, sendo, portanto, de se aplicar o regime de licenciamento aos emissores individuais.

Submetida a questão para a Suprema Corte, esta revisou o entendimento do tribunal federal de apelação. Sobre a delegação de competência normativa do Congresso para as agências, restaram assentadas duas premissas, a saber: a) se o Parlamento enuncia de forma clara o seu propósito, a questão se encontra resolvida, de modo que tanto a

---

178 A relevância do precedente é apontada por CARLI, "Il caso Chevron. Interpretazioni del guidice e interpretazioni dell'amministrazione negli Stati Uniti". *Rivista trimestrale di diritto pubblico,* n. 4, 1995, pp. 994-995, e circuito, bem como a própria Suprema Corte sempre tem procurado especificar o seu objetivo.

agência quanto o tribunal devem observar o que aquele estabeleceu; b) se, diferentemente, o legislador não foi preciso, segue-se que deixou um espaço de conformação para a agência, tem-se uma autêntica delegação, habilitando a Administração a interpretar a legislação, mediante o estabelecimento de normas gerais, de sorte que descabe ao tribunal revisar tal interpretação administrativa, salvo se esta for arbitrária, caprichosa ou manifestamente adversa à lei.

É um fato inconteste que, a partir de tal julgado, consolidou-se a competência normativa da Administração, com o que aparentou ter contribuído para o atendimento, com eficiência, de um dos maiores óbices da função administrativa norte-americana.

Isso, contudo, não faz com que se possa, sem mais nem mais, trasladar tal solução para outros sistemas jurídicos, principalmente aqueles do *civil law*, com relação aos quais as correspondentes constituições estabelecem regras rígidas sobre delegação legislativa, bem como sobre as relações entre a lei e o regulamento, na qual se reconhece uma primazia em favor daquela.

O direito norte-americano, pelo caráter excessivamente genérico dos preceitos da Constituição de 1787, permite, com maior flexibilidade, maior influência da interpretação judicial com vistas à atualização do seu texto diante do correr do tempo,[179] tanto é assim que, como já salientado, a transferência de competência normativa do Congresso para as agências, por força de uma concepção funcionalista da divisão de poderes, passou a ser vista como equivalente a uma típica delegação legislativa, com força de lei formal.

---

179 Essa constatação se encontra bem exposta e explicada por SOARES, *Direito público e sociedade técnica*. Coimbra: Atlântida Editora, 1969, pp. 12-13, ao notar que, nos Estados Unidos, a constituição usufrui da possibilidade de ir sendo adaptada à realidade, o que se mostra compreensível ora por corresponder às representações típicas duma visão racionalista do século XVIII, ora por sabiamente se circunscrever à formulação de esquemas fundamentais, os quais podem, sem que se perca o respeito sagrado pelo poder do texto, ir experimentando uma adaptação semântica à realidade.

O mesmo resultado não é permitido por outras constituições, nas quais se insere a Lei Maior de 1988. Tanto a disciplina específica da delegação de poderes legislativos quanto à posição que a lei ocupa faz com que assim não se possa entender.

A doutrina de tais países é elucidativa. Gaspar Ortiz,[180] às voltas com o alerta para o risco regulatório no ordenamento espanhol,[181] destaca que uma importante questão centra-se no correto exercício pelo regulador da competência regulamentar. Para tanto, uma das cautelas é a de não se deixar em mãos do ente regulatório a elaboração de normas com lastro em delegações (mais correto, remissões) vagas por parte da lei. Antes, aquelas devem conter padrões precisos.

Nesse diapasão, e igualmente com a análise que se desenvolve de acordo com o modelo hispânico, encontra-se Juan José Montero Pascual.[182] A despeito do uso do termo deslegalização, o autor, após reconhecer que a imposição concreta de obrigações aos operadores constitui competência da Administração reguladora, a qual deve adotar a decisão sobre a proporcionalidade da limitação da liberdade de empresa aos objetivos de interesse geral, esclarece que tal arquétipo exige a atuação da lei delineando, com precisão, tais fins. Trata-se da elementar política no plano regulatório.[183]

---

180 BIANCHI, Alberto B. *Revista de Administración Pública*, número 182, mai./ago. 2010, pp. 33 e 36-37.

181 Além da necessidade de se recordar o art. 82 da Constituição de 1978, o seu art. 97, ao versar sobre a competência regulamentar, a qual está inserta no âmbito da Administração, afirma que aquela se exercita de conformidade com a constituição e as leis.

182 PASCUAL, Juan José Montero. "La actividad administrativa de regulación: definición y régimen jurídico". *Revista Digital de Derecho Administrativo*, n. 12, segundo semestre de 2014, p. 34.

183 São as palavras do autor: "Este modelo de intervenção exige da parte do legislador uma precisa determinação do interesse geral, principal elemento político no jogo regulatório, assim como a determinação de umas estritas regras institucionais e procedimentais capazes de garantir a idoneidade e transparência da decisão de proporcionalidade a ser adotada pela administração". "Este modelo de intervención exige al legislador una precisa determinación del interés general, principal elemento político en el juego regulatorio, así como la determinación de unas estrictas reglas

No direito português, pelas razões que acima foram elencadas, também não se tem a possibilidade do exercício da competência regulamentar sem que, para tanto, o legislador haja traçado diretrizes. Isso até mesmo na categoria dos regulamentos ditos independentes.

Se não bastassem o disposto nos arts. 112, n. 6º e 7ºe 199,[184] da Constituição da República Portuguesa, assim se pronuncia a doutrina. Prova disso está em Luís S. Cabral de Moncada[185] quando, escrevendo ao instante da penúltima revisão, mas que, quanto ao ponto aqui abordado, não se mostra diferente da redação atual, conclui que, se o Governo pretende dispor autonomamente, há de escolher a via do decreto-lei, o que se impõe, diante do cenário constitucional, em face do fundamento legislativo necessário do regulamento, ainda que sob a forma independente.

Diz o autor que o art. 112º, n. 8º (atualmente n. 7º), do referido diploma magno, ao indicar que os regulamentos devem explicitamente indicar as leis que objetivam regulamentar ou que definem a competência subjetiva ou objetiva para a sua emissão, aplica-se indistintamente a todas as modalidades de regulamento, executivo ou independente. Especialmente quanto a este, o que sucede é que a indicação legislativa, diversamente da primeira situação, há que ser mínima, mas que, por

---

institucionales y procedimentales que garanticen la idoneidad y transparencia de la decisión de proporcionalidad a adoptar por la administración". PASCUAL, Juan José Montero. "La actividad administrativa de regulación: definición y régimen jurídico". *Revista Digital de Derecho Administrativo*, n. 12, segundo semestre de 2014, p. 34.

184 "Artigo 112º (Actos normativos) - (...) 6. Os regulamentos do Governo revestem a forma de decreto regulamentar quando tal seja determinado pela lei que regulamentam, bem como no caso de regulamentos independentes. 7. Os regulamentos devem indicar expressamente as leis que visam regulamentar ou que definem a competência subjectiva e objectiva para a sua emissão; (...)". "Artigo 199º (Competência administrativa) - Compete ao Governo, no exercício de funções administrativas: (...) c) Fazer os regulamentos necessários à boa execução das leis. (...)". Disponíveis em: www.dre.pt. Acesso em: 15 set. 2019.

185 MONCADA, Luís S. Cabral de. *Lei e regulamento*. Coimbra: Coimbra Editora, 2002, pp. 1000-1003.

isso, não traduz necessariamente, para o regulamento independente, uma disciplina material das situações da vida real a tratar.

Significa afirmar, então, que, mesmo para os regulamentos independentes, há a indicação de um lastro legislativo, ainda que mínimo, podendo se manifestar em caráter genérico ou de diretiva, a se permitir enveredar pelo remate de que alguma remissão do legislador há que se fazer presente.[186]

Não diverso, nesse aspecto, mostra-se o sistema francês. Discorrendo sobre o controle pela jurisdição administrativa dos atos das autoridades administrativas independentes, Gentot[187] esclarece sua admissão pela via

---

186 Interessante se transcrever as palavras do autor: "O fundamento legislativo (mínimo) requerido pelo art. 112 para os regulamentos "independentes" pode assumir diversas formulações. A atribuição de competência objectiva aí em causa é compatível com diversas técnicas de regulação legislativa, sem que o texto constitucional tenha que eleger uma delas como preferível. O conteúdo da lei habilitante deve ficar ao critério do legislador que o conformará de acordo com a sua vontade ou com as características da matéria a regular. Nada objectar, portanto, a uma indicação da competência (objectiva) através de objectivos gerais, finalidades genéricas ou directivas. É o quanto basta para perfazer as exigências do n. 8 do art. 112" (MONCADA, Luís S. Cabral de. Lei e regulamento. Coimbra: Coimbra Editora, 2002, p. 1003). Em estudo sobre as autoridades independentes, Paula Costa e Silva ("As autoridades independentes. Alguns aspectos da regulação económica numa perspectiva jurídica". *O Direito*, Ano 138°, vol. 3, 2006, p. 556), ao abordar o entrosamento entre a lei e o regulamento, aponta que a zona mais complexa sucede com os regulamentos independentes. Frisa a autora que, nessas situações, não há o desenvolvimento concreto de uma lei, mas a atribuição pelo legislador de uma competência objetiva e subjetiva para a emissão do regulamento, tendo a autoridade administrativa habilitada uma larga margem de discricionariedade na conformação das correspondentes soluções materiais. Embora a autora não afirme expressamente, é possível se compreender que o seu entendimento não conduz a que se dispense ou se a afaste a necessidade da menção pelo legislador de balizas ou objetivos gerais para a atuação regulamentar. O debate acerca da vinculação do regulamento independente com a lei é assunto que se mostra antigo na doutrina portuguesa, tendo sido versado por QUEIRÓ, "A função administrativa". *Revista de Direito e de Estudos Sociais,* ano XXIV, números 1,2, e 3, jan./set. de 1977, p. 38, texto que representa extrato de suas Lições de Direito Administrativo, policopiadas durante o ano de 1976.

187 GENTOT, Michel. *Les autorités administratives indépendantes.* 2ª Ed. Paris: Montchrestien, 1994, pp. 92-93.

do recurso por excesso de poder, indistintamente quanto à natureza ou denominação da decisão, bastando que implique prejuízo.

Segundo o autor, nessa fiscalização, a qual confere a legalidade externa e interna de tais atos, o Conselho de Estado (arresto de princípio, de 12 de março de 1982) recorda às autoridades administrativas independentes que elas podem exercer as competências que lhes confere a lei e que o papel de guardião de um domínio onde estão em jogo liberdades lhes conduz a exercer plenamente seu poder regulamentar. Mas ele também cuida – frisa – para que tais autoridades não exerçam sua atividade regulamentar além do domínio que lhes é reconhecido pela lei.

Daí se tem que, nesses ordenamentos, há que se reconhecer a possibilidade dos tribunais ou da jurisdição administrativa em controlar se a norma regulatória foi expedida além dos lindes indicados pelo Legislativo.

Nos países latino-americanos, cuja similitude econômica, social e política, com o Brasil é mais acentuada do que com relação aos Estados Unidos ou aos países da Europa Ocidental, há uma preocupação mais assente na interpretação que a Administração faz quanto ao mandamento legislativo habilitante, com o propósito de se verificar se a remissão normativa se pautou *ultra vires*.

Tais condições têm propiciado a que se advogue um maior controle judicial nessas situações. É o caso de Armando David Rodríguez Maldonado[188] que, ao depois de realçar o pragmatismo funcional da jurisprudência norte-americana, exemplificado pela doutrina *Chevron*, adverte que, paradoxalmente, no México, assiste-se a uma realidade diversa, assinalada pelo autoritarismo presidencial, bem como por um grau de desenvolvimento econômico e político ainda não satisfatório.

---

188 MALDONADO, Armando Rodríguez David. *Poder Executivo y Estado administrativo:* El caso comparado de México y los Estados Unidos. México, D.F.: Tirant lo Blanch, 2014, pp. 162-163.

Disso decorre uma não consolidação do Estado de Direito, de sorte que não se mostra acertado flexibilizar os parâmetros de escrutínio jurisdicional com relação ao exame dos atos e das normas editadas pelo Poder Executivo e pela Administração Pública.

Assim, diz-nos o autor, ser recomendável que, nessas matérias, nas quais se acha envolvida regulação de natureza técnica, é preciso se considerar, conforme o caso, a necessidade de um exame jurisdicional mais flexível ou mais intenso, resultando aconselhável este quando a regra envolver de forma mais acentuada direitos fundamentais dos administrados.

Atento à realidade que galvaniza uma transformação das atividades estatais, Jaime Orlando Santofimio Gamboa[189] destaca a atividade reguladora,[190] mediante a qual as autoridades administrativas se veem habilitadas à expedição de normas, ou seja, de regulações de caráter geral subordinadas à Constituição e à lei, as quais dispõem sobre matérias e áreas específicas que, em face de sua complexidade, ou em virtude de processos de descentralização, justificam o seu desenvolvimento.

Considerando – prossegue o autor – que tal função se manifesta com a presença de regulações de natureza geral emanadas de órgãos públicos especializados ou de autoridades com habilitação para tanto, tal qual se verifica com a competência regulamentar, não se afigura possível desconsiderar-se o princípio da divisão de poderes, a acarretar que essas

---

189 GAMBOA, Jaime Orlando Santofimio. *Compendio de derecho administrativo*. Bogotá: Universidad Externado de Coombia, 2017, p. 325.

190 A competência estatal regulatória é explicitada pela Constituição Política da Colômbia de 1991, no Título XII, Capítulo V, dedicado à finalidade social do Estado e aos serviços públicos, conforme o disposto no art. 365: "Artigo 365 - (...) Os serviços públicos estarão submetidos ao regime jurídico que fixe a lei, podendo ser prestados pelo Estado, direta ou indiretamente, por comunidades organizadas, ou por particulares. Em todo caso, o Estado exercerá a regulação, o controle e a vigilância de ditos serviços. (...)". ["Artículo 365 - (...) Los servicios públicos estarán sometidos al régimen jurídico que fije la ley, podrán ser prestados por el Estado, directa o indirectamente, por comunidades organizadas, o por particulares. En todo caso, el Estado mantendrá la regulación, el control y la vigilancia de dichos servicios. (...)". Disponível em: www.corteconstitucional.gov.co. Acesso em: 18 set. 2019].

normas respeitem os estritos parâmetros do princípio da legalidade e o âmbito de competências dos poderes públicos.[191]

Ainda na Colômbia, apresenta-se no mesmo sentido David Guinard-Hernandéz,[192] o qual, a pretexto de ressaltar a importância de um acentuado controle judicial sobre a regulação, indispensável para que venha a ser assegurada a independência efetiva do regulador, enfatiza que tal fiscalização, nos países de tradição europeia, não pode perder de vista o ato regulatório como um ato da Administração e que, portanto, deve estar sujeito ao princípio da legalidade, respeitando a Constituição, as leis e os regulamentos.

Dessa maneira, exige-se, na fiscalização jurisdicional das medidas regulatórias, que estas não somente correspondam a uma correção técnica quanto ao mercado e sujeitos regulados, mas que, por igual, reflitam uma conformidade jurídica quanto à sua forma e conteúdo. Daí que o exame, por parte do juiz, de se o regulamento exorbitou dos parâmetros fixados pelo legislador, afigura-se não somente possível, mas indispensável.

Na Argentina, na Corte Suprema da Nação, onde parece possível se contentar com a fixação de um *standard inteligible* ou com o estabelecimento de uma política legislativa clara pela lei delegante – devendo-se exigir-se uma maior precisão quanto a esta, consoante Santiago Videla e

---

191 A título de reforço, não esquecer que, nos termos do art. 189 da Constituição colombiana vigente, a competência regulamentar, cujo titular principal é o Presidente da República, não é de caráter autônomo, mas sim condicionada à execução da lei: "Artigo 189 - Corresponde ao Presidente da República como Chefe de Estado, Chefe do Governo e Suprema Autoridade Administrativa: (...) 11. Exercer a competência regulamentar mediante a expedição dos decretos, resoluções e ordens necessárias para o cumprimento das leis". [Artículo 189 - Corresponde al Presidente de la República como Jefe de Estado, Jefe del Gobierno y Suprema Autoridad Administrativa: (...) 11. Ejercer la potestad reglamentaria, mediante la expedición de los decretos, resoluciones y órdenes necesarios para la cumplida ejecución de las leyes". Disponível em: www.corteconstitucional.gov.co. Acesso em: 18 set. 2019].

192 GUINARD-HERNANDÉZ, David. "La 'regulación' económica como instrumento de dirección estatal de la economia". *Revista Digital de Derecho Administrativo*, n. 18, 2017, pp. 217-218.

Santiago Foucarde –,[193] tem-se que a competência normativa dos entes reguladores independentes não se exercita em desapego à lei.

Possível, portanto, ao Judiciário, no referido ordenamento, verificar e corrigir eventual extravasamento da norma regulatória em relação à sua habilitação legal.

E, como se não bastasse, reforçam afirmações como as precedentes, a circunstância de ser possível notar que, mesmo nos Estados Unidos, a orientação formulada no caso *Chevron* chegou a ser restringida pela própria Suprema Corte, sem que se desconsidere que o Congresso tem, igualmente, procurado contorná-la.[194]

---

193 VIDELA, Santiago M. Castro; FOURCADE, Santiago Maqueda. *La delegación legislativa y el Estado regulatorio:* uma mirada crítica al agujero negro de la regulación. Buenos Aires: Editorial Ábaco de Rodolfo Depalma, 2018, pp. 219-220.

194 SUSTEIN, "O constitucionalismo após o *New Deal*". *In: Regulação econômica e democracia.* Trad. Jean Paul Cabral Veiga da Rocha1ª Ed. São Paulo: Editora 34, 2004, p. 174-177, noticia que, nos últimos anos, o Legislativo vem se inclinando por um controle mais intenso sobre a legislação das agências, no âmbito do qual se inclui a cautela voltada ao aumento da especificidade das leis, expondo que tal providência contribui para o aperfeiçoamento do controle judicial, ao enfatizar: "O detalhamento de leis pelo Congresso facilita o controle judicial e vice-versa. O principal objetivo do controle judicial é assegurar a adesão às leis e essa função é mais facilmente executada quando uma lei é clara e específica" (*ibid.*, p. 177). Com efeito, o APA no seu Título 5, Parte I, Capítulo 8, inicia a disciplina o *Congressional Review of Agency Rulemaking*, dispondo o seu §801, n. 1, alínea A: "(A) Antes de uma regra entrar em vigor, a agência federal competente para sua promulgação submeterá a cada uma das Cass do Congresso e ao Controlador-Geral um relatório contendo – (i) uma cópia do texto da regra; (ii) uma exposição de motivos, concisa e geral, sobre a regra, inclusive mencionando se é de natureza principal; (iii) a proposta de data para a entrada em vigor da regra" ["(A) Before a rule can take effect, the Federal agency promulgating such rule shall submit to each House of the Congress and to the Comptroller General a report containing – (i) a copy of the rule; (ii) a concise general statement relating to the rule, including whether it is a major rule; and (iii) the proposed effective date of the rule". Disponível em: www.law.cornell.edu. Acesso em: 18 out. 2019].

Prova disso: Chiara Carli[195] nos mostra que tal vem ocorrendo de várias maneiras, sendo uma delas a inerente ao alargamento da ambiguidade da lei, chegando aquela a compreender que uma lei, embora, à primeira vista, mostre-se ambígua, é de se notar que, na realidade, porta um significado preciso, sentido que, em alguns casos, é apreendido corretamente pela Administração, noutros faz com que se evidencie que teria sido mal compreendido.[196]

Noutras situações, enfatiza a autora, a Suprema Corte teria afirmado como indispensável para a operabilidade da deferência a delegação realizada pelo Congresso em favor da agência, tanto que, no julgamento de *Crandon c. United States* (*in* 110 S. Ct., 997), bem assim em *Adams Fruit Co. c. Barrett* (*in* 110 S. Ct., 1384), ambos de 1990, excluiu-se a aceitação prevalente da interpretação administrativa porque faltava o requisito da transferência de competência interpretativa para a agência. Além disso, a Corte passou a ver com maior atenção o intervalo de tempo durante o qual a agência seguiu uma determinada interpretação, fazendo, assim, acrescer outro condicionamento, qual seja o da necessidade da interpretação administrativa se conformar àquelas que anteriormente foram julgadas válidas pelos juízes.[197]

---

195 CARLI, Chiara. "Il caso Chevron. Interpretazioni del guidice e interpretazioni dell'amministrazione negli Stati Uniti". *Rivista trimestrale di diritto pubblico*, n. 4, 1995, pp. 996-997.

196 Dentre os julgados apontados pela autora, é de se referir aos seguintes: *University Of California c. Public Employment Relations Board* (485 U.S. 589) de 1985; *Sullivan c. Stroop*, *in* 110 S. Ct., de 1990; Etsi Pipeline Project c. Missouri 9484 US 495) de 1989; *Pittstin Coal Group c. Sebben*, in 110 S. Ct., 414 de 1988. A nosso sentir, há uma assimilação do entendimento à corrente que, versando sobre os conceitos juridicamente indeterminados, nestes vislumbra, na prática, uma só alternativa de significação.

197 Não obstante, JORDÃO, *Controle judicial de uma Administração Pública complexa: a experiência estrangeira na adaptação da intensidade do controle*. São Paulo: Malheiros Editores, 2016, pp. 490-494, aponta, num texto de elaboração mais recente, uma possível reviravolta na orientação da Suprema Corte, em 2001, com o julgamento de *United States v. Mead Corporation* (533 U.S. 218), havendo sido prestigiado, com o dissenso do Juiz Scalia, a deferência numa maior intensidade. Isso porque, em caso de ambiguidade do legislador, mas, mesmo que não haja uma intenção deste em transferir competência à agência, o que exigia o *Chevron*, é de incidir um controle

No Brasil, conforme antevisto, a atribuição de competência normativa às agências se encontra diante de entendimentos diversos, inicialmente quanto à sua natureza, se de cunho regulamentar ou não, parecendo, da mesma forma, portar semelhante dissenso quanto à medida da sua vinculação à lei formal.

Alexandre Aragão[198] defende que as leis que atribuam competência normativa aos entes reguladores independentes possuam baixa densidade normativa, não ofertando maiores elementos pelos quais os reguladores devem pautar sua atuação regulamentar, pois somente assim estarão aptas a propiciar a elaboração de normas setoriais para, com agilidade, regular temas diante de uma complexa e dinâmica realidade.

Já Renata Beckert Isfer,[199] embora resista a reconhecer a natureza regulamentar em sentido estrito das normas editadas pelas agências, mas sem desconhecer o seu caráter infralegal, afirma que aquelas encontram sua relevância e utilidade na redução da ambiguidade e vagueza das leis, razão pela qual se depreende o seu necessário respeito à constituição e às leis, o que serve para concluir que a discricionariedade do regulador se exercita no espaço que lhe assegura o legislador.

---

judicial deferente, à medida que se mostre persuasiva a argumentação da decisão administrativa, tal como decidido em *Skidmore v. Swift & Co.* (323 U.S. 134), no ano de 1944. Importante deixar claro que tal compreensão há que se examinada à luz do modelo norte-americano, não sendo, por si só, decisivo para justificar sua importação para o direito pátrio. Uma análise dissociada das características deste corre o risco de transmudar a importação em contrabando. Ressalte-se, quanto à obra referida, que se cuida de uma pujante análise da jurisprudência estrangeira sobre a matéria, envolvendo precedentes oriundos dos sistemas norte-americano, canadense, italiano e francês.

198 ARAGÃO, Alexandre Santos de. "O poder normativo das agências reguladoras independentes e o Estado democrático de Direito". *Revista de Informação Legislativa*, ano 37, n. 148, out./dez. 2000, pp. 286-287.

199 ARAGÃO, Alexandre Santos de. "Poder normativo das agências reguladoras - paralelo entre o sistema jurídico brasileiro e o norte-americano". *Publicações da Escola da AGU*, n. 13, 2011, pp. 466, 472 e 477.

Por sua vez, Francisco Cavalcanti,[200] à procura de compatibilizar a competência normativa das agências com o princípio da legalidade, seja em face da primazia ou da reserva da lei, propugna pela indispensabilidade de uma reserva de densidade mínima da lei como requisito para que a norma secundária se evidencie em compasso com a Lei Fundamental.

A esse respeito, impugna a circunstância de que vários dispositivos das leis que instituíram nossas agências reguladoras, em face da outorga de competência de modo excessivo, perpetraram, a bem da verdade, uma delegação de competência legislativa mascarada. A título de exemplo, invoca o art. 19, IV, da Lei n. 9472,[201] e o art. 7°, III, da Lei n. 9.782/99,[202] relacionados à ANATEL e à ANVISA.

Diante de situações da espécie, aduz o autor que, em países como o nosso, onde a participação democrática na elaboração de tais normas é unicamente de natureza formal, corre-se o perigo de agentes sem legitimação popular direta, em face de eventual captura, camuflarem sob o viés técnico vícios de normatização regulatória.

Com efeito, ainda que se possa, com laivos de acerto, sustentar que a densidade da remissão normativa seja baixa, inadmissível que seja nenhuma. O disposto no art. 5°, II, da Constituição, exige que o legislador, caso não se mostre preciso e detalhado, emita uma diretriz

---

200 BRANDÃO, Cláudio; CAVALCANTI, Francisco; ADEODATO, João Maurício (Coord.). "A reserva de densificação normativa da lei para preservação do princípio da legalidade". *In*: *Princípio da legalidade: da dogmática jurídica à teoria do Direito*. Rio de Janeiro: Forense, 2009, pp. 232-234. Digno de leitura atenta a passagem na qual o autor, num confronto de passado e presente, reporta-se às teorias de Locke e Montesquieu.

201 "Art. 19 - À Agência compete adotar as medidas necessárias para o atendimento do interesse público e para o desenvolvimento das telecomunicações brasileiras, atuando com independência, imparcialidade, legalidade, impessoalidade e publicidade, e especialmente: (...) X - expedir normas sobre prestação de serviços de telecomunicações no regime privado; (...)".

202 "Art. 7° - Compete à Agência proceder à implementação e à execução do disposto nos incisos II a VII do art. 2° desta Lei, devendo: (...) III - estabelecer normas, propor, acompanhar e executar as políticas, as diretrizes e as ações de vigilância sanitária; (...)".

(*guideline*), ainda que mediante expressão que, por sua vagueza, permita o emprego de um juízo discricionário, mas sem que isso resulte numa inteira liberdade para normatizar, tal qual caberia ao legislador.

Não é somente o fato de ser o nosso sistema jurídico infenso a uma delegação de poder legislativo, propriamente dita, ou por adotar a primazia da lei no confronto das fontes formais, ressalvada a autoridade da constituição.

É muito mais. São razões que emergem através de particularidades outras, às quais não deve se manter alheia a aplicação do Direito. Trata-se, inicialmente, do nosso estádio de evolução política, marcado por uma incipiente sintonia com o Estado constitucional, o que praticamente parece vir se manifestando a contar da vigência da Constituição de 1988, enquanto que, nos Estados Unidos, tem-se uma experiência democrática que perdura por aproximadamente duzentos e trinta anos.

Diversamente da formação dos Estados Unidos, a qual, antes do Estado vieram os segmentos sociais, no Brasil, o Estado é que moldou a sociedade. Isso faz resultar que, nestas plagas, haja um frágil costume participativo, o que tende a comprometer a legitimação procedimental das decisões dos reguladores, com inclinação desfavorável aos usuários de serviços e consumidores, em face de uma forte assimetria de informações. A fragilidade de nossas instituições políticas, aliada ao nosso ainda não tão pujante desenvolvimento, eleva o risco de captura político-econômica dos agentes da regulação.

A rarefação da atividade normativa do Parlamento, mediante sua pulverização conjuntamente com vários atores no âmbito administrativo, inevitável na atualidade, é capaz – como acentua Paulo Otero –[203] de enfraquecer as garantias dos administrados, à medida que, em sobressaindo o papel da Administração em estabelecer o direito que

203 OTERO, Paulo. *Legalidade e Administração Pública:* o sentido da vinculação administrativa à juridicidade. Coimbra: Almedina, 2007, pp. 895-896.

guiará sua atividade, mostra-se plausível o receio de que venha operar em favor dos objetivos visados pela sua ação.[204]

Somando-se tal preocupação – que já é normal em países de democracia com maior amadurecimento - aos fatores políticos, econômicos e sociais brasileiros, tem-se que uma melhor solução é a de que o legislador fixe, ainda que com grau de abstração, diretrizes à atividade normativa das agências.

Disso resulta que aos juízes resulta o papel de controle tanto da constitucionalidade das delegações legislativas de fato, encobertadas por remissões legais sem um mínimo de densidade, quanto pela fiscalização quanto à exorbitância da legalidade por parte dos atos normativos das agências, quando ultrapassarem o linde de comando necessário e indispensável à execução dos comandos legais.[205]

---

204 Apresenta-se de interesse a transcrição das palavras do autor: "A erosão da legalidade formal e tradicional disciplinadora da actuação administrativa por efeito de tais 'normas legais em branco', fazendo dos órgãos administrativos agentes definidores do sentido efectivo da lei, envolve inevitáveis efeitos debilitadores das garantias dos particulares, correspondendo a esse aumento do papel da Administração Pública na concretização do Direito definidor da sua própria actividade um proporcional acréscimo do protagonismo dos tribunais na fixação definitiva do sentido da legalidade administrativa" (OTERO, PAULO. *Legalidade e Administração Pública: o sentido da vinculação administrativa à juridicidade.* Coimbra: Almedina, 2007, pp. 895-896.).

205 Essa parece não ter sido a conclusão a que se chegou com o julgamento da ADI 4.874 - DF, na qual, dentre os dispositivos impugnados, achava-se o art. 7º, III e XIV, parte final, da Lei n. 9.782/99, sendo o primeiro dos incisos justamente aquele que conferia à ANVISA a competência para "estabelecer normas", sem qualquer diretriz para orientá-la, por mínima que fosse. O voto da eminente relatora, quando discorre sobre a competência das agências reguladoras (fls. 16-39), embora longo, apresenta-se sobremodo confuso. Invoca, para tanto, a figura do poder de polícia e a da relação especial de sujeição, as quais são inteiramente distintas, enquanto que a segunda se encontra ultrapassada no âmbito do direito estrangeiro, especialmente no sistema germânico, o qual, por ironia, granjeou outrora papel principal em sua elaboração. Ora, defende uma maior largueza à competência normativa das agências, mas, doravante, não olvida de mencionar a necessidade de observância das diretrizes legais, o que não lhe impediu em concluir pela validade de regra legal que transfere à agência competência normativa sem qualquer densidade, como é o caso do art. 7º, III, do diploma legal impugnado. A deferência, analisada de passagem, foi adotada sem o menor questionamento crítico, tornando-se a doutrina *Chevron* uma

3 - Reserva legal, as agências e o juiz

Praticamente ao se defrontar com a inovação trazida à nossa ordem jurídico-administrativa, Celso Antônio Bandeira de Mello[206] despertou atenção para um ponto essencial, o de se indagar, frente ao princípio da legalidade, *o que* e *até* onde podem as agências regular, sem que, ao fazê-lo, venham invadir a competência do Poder Legislativo.

A primeira preocupação que, a nosso sentir, vem à mente, é a de saber se – e até qual limite – aquelas podem interferir no âmbito das matérias que se encontrem sob a reserva legal.

---

cidadela inexpugnável. Uma luz ao final do túnel, a despeito de solitária, adveio com o pronunciamento divergente do Min. Marco Aurélio que, apesar de conciso, visualizou uma delegação legislativa disfarçada no art. 7º, III, da Lei n. 9.782/99. De transcrição necessária, parte essencial: "O princípio da legalidade é o lastro de um Estado Democrático de Direito. Ninguém é obrigado a fazer ou deixar de fazer alguma coisa senão em virtude de lei. A atuação das agências faz-se no campo executivo; é atuação em campo específico, é fiscalizadora. Não se pode conceber – e já foi evocado o art. 25 do Ato das Disposições Constitucionais Transitórias – delegação, muito menos às agências, para que normatizem! E esse artigo versa – e não se estabeleça distinção entre normatizar e impor norma legal propriamente dita – que não pode haver delegação, a quem quer que seja, de atribuição do Congresso Nacional. E cabe apenas ao Congresso Nacional, em que pese o precedente sobre o amianto, proibir algum produto no território brasileiro, por melhor que seja a intenção que impere. Não vejo como deixar de dar interpretação consentânea com a Constituição Federal ao artigo da lei atacada nesta ação direta de inconstitucionalidade, ou seja, principalmente ao inciso III do artigo 7º da Lei n. 9.782/1999, no que o preceito, como está, implica delegação à Agência para estabelecer normas. A delegação foi afastada, ante os ares democráticos advindos da Carta de 1988, pelo artigo 25 do Ato das Disposições Constitucionais Transitórias. Portanto, defiro – e penso que de forma afinada com o Direito – o pedido de interpretação conforme do citado dispositivo, tal como formalizado na peça primeira desta ação direta de inconstitucionalidade". Isso mostra que, algumas vezes, uma motivação extensa, mas desarticulada teoricamente, não se afigura a melhor opção.

206 AMARAL, Diogo Freitas do. *Curso de Direito Administrativo.* 33ª Ed. São Paulo: Malheiros, 2018, p. 176.

Pela reserva de lei – explicita Canotilho –[207] "pretende-se delimitar um conjunto de matérias ou de âmbitos materiais que devem ser regulados por lei ('reservados à lei')" e, de conseguinte, para a lei significa, por imperativo lógico, que elas não devem ser disciplinadas por normas jurídicas provenientes de outras fontes.

Consoante o autor, a reserva de lei possui duas dimensões, sendo uma delas – como já referido – de natureza negativa, de modo a que, nas matérias reservadas, acha-se proibida a intervenção de outra fonte de direito diferente da lei. Na outra, está a de colorido positivo, impositiva à lei formal a disciplina de um regime jurídico, sendo indevido declinar tal competência normativa em favor de outras modalidades normativas.

Enfático, nesse particular, também se mostra Santamaría Pastor,[208] ao reconhecer que, no campo da repartição material de competências dentre as funções estatais, há uma peça fundamental, qual seja o denominado princípio da reserva da lei, segundo o qual nem mesmo a norma legal em sentido estrito pode definir seu âmbito de atuação, disciplinando algumas matérias ou deixando de disciplinar outras, nem o regulamento se encontra habilitado a atuar nas matérias não tratadas pelo legislador. Isso se impõe porque a norma constitucional exige que o regramento de determinadas matérias se efetue precisamente por uma lei.

A atribuição de uma matéria sob tal reserva – importante frisar – é da alçada da constituição, verificando-se, de modo geral, por razões relacionadas ao Estado de Direito – especialmente a tutela dos direitos fundamentais – e igualmente relacionadas quanto ao regime democrático, nas quais o protagonismo é de ser reconhecido, indispensável e necessariamente, em favor do Parlamento, na condição de ator político, papel que compartilha com o Governo.

---

207 CANOTILHO, Jose Joaquim Gomes. *Direito constitucional*. 5ª Ed. Coimbra: Livraria Almedina, 1992, pp. 798-799.

208 PASTOR, Juan Alfonso Santamaría. *Princípios de derecho administrativo*. 4ª Ed. Madri: editorial Centro de Estudios Ramón Areces, 2002, vol. 1, pp. 341-342.

No sistema jurídico pátrio, as situações de reserva de lei, disseminadas pela vasta província constitucional, são identificadas através de remissão específica da Lei Maior ao tratamento de um determinado assunto, o que se verifica com o acompanhamento ou não de diretrizes.

Desse modo, vê-se que a invocação genérica à lei, constante do art. 5º, II, da Lei Máxima, há que significar a pré-existência de regra de direito – não necessariamente a lei formal –, podendo ser tanto a lei propriamente dita ou regulamento (ou igualmente ato infralegal) editados mediante habilitação legal.

O preceito magno, assim, consagra uma reserva relativa da lei formal, modo de pensar que se delineou no julgamento do HC 85.060 - 0 - PR pelo Supremo Tribunal Federal.[209]

---

209 A ementa do precedente é bastante elucidativa: "EMENTA: HABEAS CORPUS. PENAL, PROCESSUAL PENAL E CONSTITUCIONAL. FORMAÇÃO DE QUADRILHA E GESTÃO FRAUDULENTA DE INSTITUIÇÃO FINANCEIRA. COMPETÊNCIA. ESPECIALIZAÇÃO DE VARA POR RESOLUÇÃO DO PODER JUDICIÁRIO. OFENSA AO PRINCÍPIO DO JUIZ NATURAL E À RESERVA DE LEI [CONSTITUIÇÃO DO BRASIL, ARTIGOS 5º, INCISOS XXXVII E LIII; 22, I; 24, XI, 68, § 1º, I e 96, II, ALÍNEAS a e d]. INOCORRÊNCIA. PRINCÍPIO DA LEGALIDADE E PRINCÍPIOS DA RESERVA DA LEI E DA RESERVA DA NORMA. FUNÇÃO LEGISLATIVA E FUNÇÃO NORMATIVA. LEI, REGULAMENTO E REGIMENTO. AUSÊNCIA DE DELEGAÇÃO DE FUNÇÃO LEGISLATIVA. SEPARAÇÃO DOS PODERES [CONSTITUIÇÃO DO BRASIL, ARTIGO 2º]. 1. Paciente condenado a doze anos e oito meses de reclusão pela prática dos crimes de formação de quadrilha (CP, art. 288) e gestão fraudulenta de instituição financeira (Lei n. 7.492/86). 2. Inquérito supervisionado pelo Juiz Federal da Subseção Judiciária de Foz do Iguaçu, que deferiu medidas cautelares. 3. Especialização, por Resolução do Tribunal Regional da Quarta Região, da Segunda Vara Federal de Curitiba/PR para o julgamento de crimes financeiros. 4. Remessa dos autos ao Juízo competente. 5. Ofensa ao princípio do juiz natural [artigo 5º, incisos XXXVII e LIII da Constituição do Brasil] e à reserva de lei. Inocorrência. 6. Especializar varas e atribuir competência por natureza de feitos não é matéria alcançada pela reserva da lei em sentido estrito, porém apenas pelo princípio da legalidade afirmado no artigo 5º, II da Constituição do Brasil, ou seja, pela reserva da norma. No enunciado do preceito – ninguém será obrigado a fazer ou deixar de fazer alguma coisa senão em virtude de lei – há visível distinção entre as seguintes situações: [i] vinculação às definições da lei e [ii] vinculação às definições decorrentes – isto é, fixadas em virtude dela – de lei. No primeiro caso estamos diante da reserva da lei; no segundo, em

A observação atenta e minuciosa do texto da Lei Maior de 1988 mostra inúmeras situações relacionadas com o exercício de atividades no mercado, tais como a liberdade profissional (art. 5º, XIII) ou o livre exercício de atividade econômica (art. 170, parágrafo único), que se houve como relevante deixar sob a tutela do legislador democrático. Igualmente, a possibilidade de aplicação de sanções administrativas, em face da extensão do art. 5º, XXXIX, relativo aos crimes ou delitos, bem como a instituição e o aumento de tributos.

A consideração de que a competência normativa das agências reguladoras não as habilita a editar atos equiparáveis à lei formal, em face da ausência de previsão e de vedação a uma tal delegação legislativa, leva-nos à conclusão de que, ao inovarem no cenário jurídico, não poderão disciplinar temas que se encontram inseridos no âmbito da reserva legal.

---

face da reserva da norma [norma que pode ser tanto legal quanto regulamentar ou regimental]. Na segunda situação, ainda quando as definições em pauta se operem em atos normativos não da espécie legislativa – mas decorrentes de previsão implícita ou explícita em lei – o princípio estará sendo devidamente acatado. 7. No caso concreto, o princípio da legalidade expressa reserva de lei em termos relativos [= reserva da norma] não impede a atribuição, explícita ou implícita, ao Executivo e ao Judiciário, para, no exercício da função normativa, definir obrigação de fazer ou não fazer que se imponha aos particulares – e os vincule. 8. Se há matérias que não podem ser reguladas senão pela lei – v.g.: não haverá crime ou pena, nem tributo, nem exigência de órgão público para o exercício de atividade econômica sem lei, aqui entendida como tipo específico de ato legislativo, que os estabeleça – das excluídas a essa exigência podem tratar, sobre elas dispondo, o Poder Executivo e o Judiciário, em regulamentos e regimentos. Quanto à definição do que está incluído nas matérias de reserva de lei, há de ser colhida no texto constitucional; quanto a essas matérias não cabem regulamentos e regimentos. Inconcebível a admissão de que o texto constitucional contivesse disposição despiciente – verba cum effectu sunt accipienda. A legalidade da Resolução n. 20, do Presidente do TRF da 4ª Região, é evidente. 9. Não há delegação de competência legislativa na hipótese e, pois, inconstitucionalidade. Quando o Executivo e o Judiciário expedem atos normativos de caráter não legislativo – regulamentos e regimentos, respectivamente –– não o fazem no exercício da função legislativa, mas no desenvolvimento de função normativa. O exercício da função regulamentar e da função regimental não decorrem de delegação de função legislativa; não envolvem, portanto, derrogação do princípio da divisão dos poderes. Denego a ordem" (Pleno, mv, rel. Min. Eros Grau, DJe de 12.02.2009).

Esse entendimento, na doutrina pátria, usufruiu do beneplácito de Almiro do Couto e Silva[210] quando, escrevendo sobre a regulação independente com ênfase ao nosso ordenamento, mencionou ser comum que a lei confira a tais órgãos e entidades poder de polícia, nada impedindo que, em termos mais precisos, explicitem por atos normativos infralegais o que, de maneira vaga e genérica, está consignado na lei, atribuindo, destarte, maior densidade aos preceitos do legislador em prol da segurança jurídica.

Contudo, adverte: "O que não é admissível é que, na ausência de lei ou, no silêncio da lei, entendido este também como um vácuo legislativo que a interpretação não conseguiu preencher, arrogue-se o Estado o poder de regular ou a competência regulatória para, invocando o interesse púbico, invadir território em que a lei não lhe permite entrar".[211]

Esse óbice, aplicável à atuação dos reguladores, acha-se sublinhado por Santiago Videla e Santiago Foucarde,[212] no que concerne ao sistema jurídico argentino, que admite uma delegação legislativa dispersa, ao afirmarem que as múltiplas projeções do princípio da legalidade acarretam densas implicações.

É suficiente para nossa abordagem o exame de duas delas. A primeira diz respeito à competência sancionadora do Estado. Confirmam os autores a tendência, assente desde o Estado liberal de Direito até a atualidade, de que, por força do princípio da legalidade, a descrição das condutas como tipificáveis na qualidade de delitos seja enunciada de forma estrita, unívoca e precisa, por uma lei prévia sancionada pelo

---

210 SILVA, Almiro do Couto e. "Administração Direta e as autarquias: autarquias especiais, agências reguladoras e agências executivas". *Conceitos fundamentais do Direito no Estado Constitucional.* São Paulo: Malheiros, 2015, pp. 287.

211 SILVA, Almiro do Couto e. "Administração Direta e as autarquias: autarquias especiais, agências reguladoras e agências executivas". *Conceitos fundamentais do Direito no Estado Constitucional.* São Paulo: Malheiros, 2015, pp. 287.

212 VIDELA, Santiago M. Castro; FOURCADE, Santiago Maqueda. *La delegación legislativa y el Estado regulatorio:* una mirada crítica al agujero negro de la regulación. Buenos Aires: Editorial Ábaco de Rodolfo Depalma, 2018, pp. 64-68.

Poder Legislativo, na esteira do disposto no art. 18 da Constituição da Nação[213] e dos tratados internacionais que são possuidores, nos termos do art. 75, n. 22, de hierarquia constitucional, como se tem do art. 9 da Convenção Americana de Direitos.[214]

E, para nosso interesse, assinalam que a legalidade, na forma acima, aplica-se igualmente às infrações administrativas, à medida que as garantias penais básicas resultam aplicáveis no Direito Administrativo sancionador.

A outra é inerente à tributação, pois se converteu em denominador comum no Estado constitucional que todo tributo somente deve ser exigido nas situações contempladas expressamente por lei formal, intransponível em face da necessidade da participação dos órgãos nos quais se deposita a vontade popular, o que, segundo afirmam, resulta dos arts. 4, 5, 17, 19 52, 75, incisos 1 e 2, 76 e 99, inciso 3, §3º, da Constituição da Nação.

Ao que parece, em face de uma similitude, no ponto, com a Lei Máxima de 1988, essa compreensão vem ganhando aceitação entre nós quanto aos limites da ação normativa das agências reguladoras.

Por exemplo, percebe-se que o Superior Tribunal de Justiça, quando do desate do RESP 1.386.994 – SC,[215] partiu da argumentação

---

213 "Artigo 18 - Nenhum habitante da Nação pode ser apenado sem um julgamento prévio fundado em lei anterior ao fato do processo, nem julgado por comissões especiais, ou retirado dos juízes designados por lei antes do fato da causa" (...) "Artículo 18 - Ningún habitante de la Nación puede ser penado sin juicio previo fundado en ley anterior al hecho del proceso, ni juzgado por comisiones especiales, o sacado de los jueces designados por la ley antes del hecho de la causa. (...)" Disponível em: www.servicios.infoleg.gob.ar. Acesso em: 27 set. 2019).

214 "Artigo 9. Princípio da legalidade e da irretroatividade. Ninguém pode ser condenado por ações ou omissões que, no momento em que forem cometidas, não sejam delituosas, de acordo com o direito aplicável. Tampouco se pode impor pena mais grave que a aplicável no momento da perpetração do delito. Se depois da perpetração do delito a lei dispuser a imposição de pena mais leve, o delinquente será por isso beneficiado." Disponível em: www.cidh.oas.org. Acesso em: 19 out. 2019.

215 Segunda Turma, v.u., rel. Min. Eliana Calmon, DJe de 13.11.2013.

de que a Resolução 858/2007 da ANTAQ estaria em conformidade com o tipo do art. 78 – A da Lei n. 10.233/2001, pois, em se tratando este de uma norma em branco, aquela estaria a preencher o seu suporte normativo.[216]

Do mesmo modo, dito de passagem constante do voto da Min. Rosa Weber na referida ADI 4.874 é eloquente em acolher a compreensão de que a legalidade estrita também é exigível em sede de tipificação de infração administrativa e cominação das respectivas sanções.[217]

No que concerne à matéria tributária, mais precisamente à instituição de tributos, a jurisprudência vem entendendo que resolução de agência reguladora não pode definir elemento constitutivo de uma exação da espécie.

A controvérsia gravitou em torno da Taxa de Saúde Complementar, prevista no art. 20 da Lei n. 9.961/2000, cuja base de cálculo, segundo o Superior Tribunal de Justiça,[218] teria sido fixada indevidamente pela RDC 10/2000 da Agência Nacional de Saúde Suplementar. Considerando-se que sua competência versa sobre a interpretação da lei federal, a Corte Superior reconheceu ofensa da norma infralegal diante

---

216 Segundo referido preceito legal, é sancionada a infração à Lei n. 10.233/2001, ou o descumprimento dos deveres estabelecidos no contrato de concessão, no termo de permissão ou no da autorização. No caso, houve, de fato, infração ao diploma legal, mais precisamente ao art. 27, XV, que atribui à agência o procedimento de seleção dos concessionários ou arrendatários, fazendo remissão à Lei n. 12.815/2013, cujo art. 5°, I, reporta-se ao objeto, à área e ao prazo de tais contratos. A fiscalização quanto ao prazo dos ajustes estaria violada se não submetidas ao regulador os aditivos mencionando as prorrogações e alteração de área. É possível, pelo menos num primeiro exame, dizer-se que houve ofensa à Lei n. 10.233/2001. De qualquer forma, é possível que os contratos contenham tal previsão, o que ainda legitimaria, por força do art. 78 - A, *caput*, da Lei n. 10.233/2001, o reconhecimento da infração administrativa.

217 De fato, às fls. 55 do mencionado pronunciamento, em negrito é afirmado: "*Em absoluto se admite, todavia, a delegação pura e simples à Administração, a criação ad nutum de uma figura infracional, por portaria ou resolução, com a imposição da correspondente sanção*".

218 Primeira Turma, RESP 1276788 - RS, v.u., rel. Min. Regina Helena Costa, julgamento em 21 mar. 2017; Segunda Turma, RESP 1789520 - Al, v.u., rel. Min. Herman Benjamin, julgamento em 14.05.2019.

do art. 97 do Código Tributário Nacional, o qual enuncia o conteúdo do princípio constitucional da legalidade tributária (art. 150, I, CF).

Nessas situações, é preciso advertir que não é a circunstância da agência, mediante a sua competência normativa, simplesmente dispor sobre a matéria. O que se resguarda é que os elementos essenciais da relação jurídica apenas sejam delineados pelo legislador. Nada se encontra a obstar que os seus traços acidentais, complementares, sejam objeto de disciplina mediante regulamento ou ato normativo infralegal.

Na seara sancionadora, por exemplo, tem sido comum a existência de normas legais em branco, cujo complemento é da alçada de normas infralegais. Em tema de tributos, os aspectos que se achem excluídos do art. 97, I a VI, do Código Tributário Nacional, são de plena formulação regulamentar e, de conseguinte, sobre eles as agências podem dispor, à feição de complemento necessário à execução dos comandos legais.

Imprescindível rematar é que, em havendo invasão por norma elaborada por agência reguladora no tratamento de matéria que se acha alojada sob a reserva de lei formal, versando o conteúdo de aspectos essenciais da correspondente relação jurídica, compete ao Judiciário sindicar a sua execução, censurando-a, se for o caso.

Nesse particular, para o fim de obviar eventual reserva de plenário, pode o tribunal, conforme permita o caso, resolver a questão como se de legalidade – e não inconstitucionalidade – fosse. Assim já deliberou o Tribunal Regional Federal da Quinta Região, entendendo que, não havendo correspondência entre a descrição de infração administrativa em resolução e o dispositivo de lei que demarca tal competência, é de se reconhecer ausência de tipicidade que inelutavelmente desemboca na ilegalidade da autuação.[219]

---

219 "APELAÇÃO. SANÇÃO ADMINISTRATIVA. ART. 78 - A DA LEI 10.233/2001. RESOLUÇÃO ANTT 1.737/2006. (ART. 5º, §2º). ILEGALIDADE. IMPROVIMENTO. I - O art. 78 - A, *caput*, da Lei n. 10.233/2001, a pretexto de tipificar as condutas para as quais são cominadas as sanções enumeradas nos seus incisos I a VI, dispõe que a 'infração a esta Lei e o descumprimento dos deveres estabelecidos no contrato de concessão, no termo de permissão e na autorização

4 – O juiz e o conteúdo das normas das agências

É possível se dizer que, no exercício de sua competência normativa, a agência possui liberdade para preencher o conteúdo das normas que elabora. Trata-se – é óbvio – de um espaço de autonomia que deve ser exercido dentro de balizas jurídicas. Equivale, em certa medida, à margem de ação livre que dispõe o legislador (liberdade de conformação), mas que, em se tratando do exercício da função administrativa, o mais apropriado seria denominá-lo de discricionariedade.[220]

---

sujeitará o responsável às seguintes sanções, aplicáveis pela ANTT e pela ANTAQ'. II - Considerada a primazia da lei sobre os regulamentos e demais atos normativos infralegais, é de se observar que, por força do art. 14 - A, parágrafo único, da Lei n. 10.233/2001, há a obrigação do transportador, para fins do exercício de sua atividade profissional, de inscrever-se no Registro Nacional dos Transportadores Rodoviários de Cargas - RNTRC, o mesmo não existindo quanto à obrigação de informar as modificações da frota, a qual foi imposta pela Resolução ANTT 1737/2006 (art. 5º, §2º), ampliando-se indevidamente o tipo definido em lei. III - A obrigação também não resulta de previsão no contrato de concessão ou nos termos de permissão ou autorização, o que, se assim fosse, satisfaria a moldura legal, sustentando a ANTT aquela decorre sim de violação à Lei n. 10.233/2001, pois o art. 24, IV e VIII, desta, dispõe competir à agência elaborar e editar normas e regulamentos relativos à exploração de vias e terminais e de fiscalizar a prestação dos serviços. No entanto, o preceptivo diz com a regulação da competência inerente à agência, demarcando o seu atuar, para o fim de evitar arbítrio, não se voltando sua redação para o estabelecimento de obrigação específica para o administrado, tal como o laborou no particular do seu art. 14 - A, parágrafo único. IV - Portanto, frise-se que, na hipótese específica da informação da alteração da frota do empresário, inexiste a sua inserção no âmbito do art. 78 - A da Lei n. 10.233/2001 e, portanto, a competência normativa da agência, de cunho infralegal, não poderia supri-la. V - Apelação à qual se nega provimento" (PJE 0811647 - 07.2017.8400, Quarta Turma, v.u., rel. Des. Fed. Edilson Nobre, publicado em 11.09.2019).

220 De recordar Odete Medauar ("Poder discricionário da Administração". Revista dos Tribunais, vol. 610, ago. 1986, pp. 38-39) que, embora não desconhecendo a presença de uma margem de atuação livre do Judiciário e do Legislativo, aponta que estas se revestem de características próprias, relacionadas com os objetivos característicos de sua atividade, razão pela qual o poder discricionário é próprio do Executivo.

A partir de classificação tipológica empreendida por Miguel Sanchéz Morón,[221] há que se cogitar uma discricionariedade regulamentar, sendo de notar que a competência regulamentar é discricionária por definição.

Conforme o autor, tal modalidade de discricionariedade se submete a um regime peculiar, mais ou menos amplo em compasso com a modalidade de regulamento de que se cogite. No que concerne ao regulamento executivo, tem-se que a liberdade de opção se faz mais restrita, enquanto que, nos ditos regulamentos independentes,[222] apresenta-se mais ampla. Porém, qualquer que seja a modalidade à qual se refira, há que se amoldar aos princípios gerais do Direito, sem deixar de se referir que, ultimamente, a jurisprudência tem realçado a necessidade do respeito a garantias procedimentais, especialmente de natureza participativa.

Trasladando o assunto ao sistema pátrio, onde as normas infralegais, denominadas ou não como regulamento, não inovam de forma autônoma, principal, no cenário jurídico, mas sim que, dentro do espaço de liberdade que lhe é próprio, complementam a lei, vê-se inicialmente, tal como exposto nos tópicos anteriores, uma necessidade de satisfazer os objetivos definidos pelo legislador e de não invadir a matéria a este reservada constitucionalmente.[223]

---

221 MORÓN, Miguel Sánchez. *Discrecionalidad administrativa y control judicial.* Madri: Tecnos, 1994, pp. 121-131. Na sua abordagem, o autor alude ainda às modalidades discricionariedade de planejamento, de iniciativa, política em sentido estrito, técnica e tática e de gestão, sem afastar a possibilidade de invocação de outras espécies.

222 Forte na classificação dos regulamentos com lastro no direito espanhol, PARADA, *Concepto y fuentes del Derecho administrativo.* Madri: Marcial Pons, 2008, p. 57, afirma que os regulamentos independentes da lei são aqueles que disciplinam matérias com relação às quais a constituição previu uma reserva regulamentar, tal qual sucede com a Constituição francesa de 1958.

223 Não custa referir que FERRAZ, *Agências reguladoras: legalidade e constitucionalidade.* Revista tributária e de finanças públicas, vol. 35, pp. 152-153, nov./dez. 2000, alude impor o princípio da eficiência (art. 37, *caput*, CF) algumas balizas tanto à lei que cria o que entende por delegação instrumental quanto ao consequente exercício desta, quais sejam: a) a política regulatória há de ser eficiente para buscar uma distribuição de rendas (art. 170, VI, CF); b) evitar políticas que reduzam a riqueza

No entanto, há um aspecto demasiado relevante. Consiste na razoabilidade do conteúdo de tais normatizações. Isso deriva da afirmação da cláusula do devido processo legal (art. 5º, LIV, CF) com uma compreensão para além de sua função procedimental, ou seja, em sua feição substantiva.

Cuida-se de formulação que foi se consolidando pela Suprema Corte dos Estados Unidos no final do século XIX com base no disposto nas Emendas V e XIV. O precedente líder parece ter sido *Allgeyer v. Lousiana* (165 U.S. 589) de 1897, muito embora se possa apontar tentativas iniciais antes mesmo das referidas normas sobranceiras.[224]

Os seus fundamentos – explica Christopher Wolfe –[225] inicialmente se apoiaram no ideal de justiça do direito natural e, com o tempo, foi denominada de doutrina do processo devido substantivo, "porque a investigação se centra não no procedimento legal pelo qual alguém é declarado culpado e castigado (privado da vida, da liberdade ou da propriedade) por ter violado a lei, mas sim na própria lei e se a uma pessoa se pode legitimamente exigir que obedeça dita lei".[226]

---

total disponível para redistribuição, à medida que diminuem a recompensa política (interesse público) do ato regulatório (art. 170, VIII, CF); c) o conhecimento antecedente das regras orientadoras das análises que conduzem a uma ação reguladora, por ser uma exigência de transparência administrativa (art. 37, *caput*, CF); d) os atos regulatórios devem ser editados por autoridades investidas de mandato para, em minimizando a pressão de interesses, tornar efetivo o disposto no art. 175, parágrafo único, da CF; e) o Poder Judiciário deve ser levado a decidir sobre o mérito das regulações (art. 5º, XXXV, CF); f) ser a eficiência pressuposto tanto para os atos vinculados quanto discricionários; g) garantia da participação do usuário de serviços e atividades reguladas no controle da atividade regulatória (art. 37, §3º, CF).

224 WOLFE. *La transformación de la interpretación constitucional*. Trad. María Gracia Rubio de Casas e Sonsoles Valcárcel. Madri: Civitas, 1991, p. 205, aponta *dictum* do Juiz Johnson em Bank of Columbia v. Okerley (4 Wheaton 235) de 1819.

225 WOLFE, Christopher. *La transformación de la interpretación constitucional*. Trad. María Gracia Rubio de Casas e Sonsoles Valcárcel. Madri: Civitas, 1991, p. 202. .

226 "porque la investigación se centra no en el procedimiento legal por el que uno es declarado culpable y castigado (privado de vida, libertad o propriedad) por haber violado la ley, sino más bien en la propria ley y si a una persona se le puede legítimamente exigir que obedezca dicha ley". WOLFE, Christopher. *La transformación*

No que concerne à função normativa das agências, a jurisprudência da Suprema Corte norte-americana, ao se inclinar por uma deferência em favor das interpretações administrativas, laborou em atenção à sua razoabilidade, conforme se pode constatar em *Seaboard Air Line Railway Co. v. United States* (194 U.S. 57) de 1920, *MacLaren v. Fleischer* (256 U.S. 477) de 1921 e *Gray v. Powell* (314 U.S. 402) de 1941, dentre alguns julgados.

O entendimento que reclama o estabelecimento de uma regulamentação cujo conteúdo se paute pela razoabilidade é perfeitamente extensível ao direito nacional, em virtude da consagração, pelo art. 5º, LV, da Norma Ápice em vigor, do devido processo legal, permitindo, assim, a visibilidade também de um laivo substancial.

A vinculação do Legislativo – e, de lógico, dos demais órgãos estatais incumbidos de normatizações – à limitação pelo *due process of law* em sentido material chegou a ser sustentada por San Tiago Dantas[227] ao instante da Constituição de 18 de setembro de 1946, empregando-o como parâmetro para a aferição das desigualdades no conteúdo dos textos legais.

Recentemente, tal concepção foi sustentada por Germana de Oliveira Moraes,[228] para quem o princípio da razoabilidade pode ser enfocado sob uma dupla acepção, ora significando a referência à consideração, pelo agente público, de elementos impertinentes, ou ao esquecimento de outros elementos pertinentes, ou compreendendo a proibição de conduta que contrarie manifestamente o senso comum.

É de se destacar, portanto, que um dos primeiros – quiçá o principal – aspectos a serem sindicados pelo Judiciário, no que concerne

---

de la interpretación constitucional. Trad. María Gracia Rubio de Casas e Sonsoles Valcárcel. Madri: Civitas, 1991, p. 201..

227 DANTAS, San Thiago. "Igualdade perante a lei e 'due process of law'". *Revista Forense,* ano 45, vol. 116, jan./mar. 1948, pp. 366-367.

228 MORAES, Germana de Oliveira. *Controle jurisdicional da Administração Pública.* 2ª Ed. São Paulo: Dialética, 2004, p. 139.

ao teor das normatizações das agências, centra-se na exigência de sua razoabilidade.

Isso resulta claro em Cass Sunstein,[229] especialmente quando acentua que o APA exige que os tribunais examinem não somente se o ato de uma agência está em conformidade com a lei, mas por igual se aparenta ser arbitrário, caprichoso, ou se abusa da discricionariedade.

Para essa investigação, adianta que não pode ser respondida apenas com base no texto da lei, justificando um exame do conteúdo da decisão da agência, conforme a *hard-look doctrine*, com vistas a que aquela não venha a subverter os objetivos da lei.

Esta orientação – explicita o autor – reclama que os reguladores "levem em consideração todos os fatores relevantes para a lei, para justificar o abandono de práticas passadas, para fornecer explicações detalhadas de suas decisões, para explicar a rejeição de alternativas, e para mostrar conexões entre objetivos legais e políticas regulatórias. A *hard-look doctrine* às vezes exige também uma atenção especial para o resultado final".[230]

Outra particularidade que emerge importante condiz com a circunstância de que se costuma cogitar, nas atuações dos reguladores, de uma discricionariedade técnica.

De logo, preciso acentuar que tal espécime, não obstante o seu qualificativo, nem sempre envolve, verdadeiramente, uma opção discricionária. A própria origem da expressão assim já evidencia, devendo ser recordada observação de António Francisco de Sousa[231] ao destacar

---

229 SUSTEIN, Cass R. "O constitucionalismo após o *New Deal*". *Regulação econômica e democracia.* 1ª Ed. Trad. Jean Paul Cabral Veiga da Rocha. São Paulo: Editora 34, pp. 167-168, 2004.

230 SUSTEIN, Cass R. "O constitucionalismo após o *New Deal*". *Regulação econômica e democracia.* 1ª Ed. Trad. Jean Paul Cabral Veiga da Rocha. São Paulo: Editora 34, pp. 167-168, 2004.

231 SOUSA, António Francisco de. *"Conceitos indeterminados" no Direito Administrativo.* Coimbra: Livraria Almedina, 1994, pp. 105-106.

que a denominação surgiu em 1864 com Bernatzik da Escola de Viena, com o propósito de abranger todo tipo de decisões que, mesmo não sendo discricionárias, deveriam ser, pela sua elevada complexidade, mais precisamente quanto às suas premissas de fato, excluídas do controle jurisdicional, porque somente os administradores, devido à sua formação técnica, estão aptos para a compreensão de suas particularidades.

Tanto é assim que, no decorrer de texto que outrora elaboramos,[232] deu-se realce à conclusão de que, no âmbito da atividade técnica, em regra, não se cogita discricionariedade, principalmente quando, mesmo em se considerando que a ciência somente avança no domínio das dúvidas, há juízos técnicos que já apresentam resultados suficientemente certos ou testados e, por isso, não comportam discricionariedade. Esta, se existir, encontra-se vinculada ao efeito atribuído pelo ordenamento à constatação especializada, desde que à Administração esteja autorizada mais do que uma solução.

De destacar, igualmente, as hipóteses nas quais, no estádio científico atual, há conclusões relativamente certas, de sorte a possibilitar a defesa de opiniões diversas e, por isso, ensejar uma margem de discrição.

Sendo assim, não se pode afirmar com exata precisão que as análises técnicas sempre hão de portar discricionariedade, o que, na prática, emerge de forma reduzida.

Interessa saber é que tanto na discricionariedade regulamentar, na qual há uma maior liberdade de atuação do administrador, quanto na controvertida discricionariedade técnica, é possível uma atuação controladora do juiz com o propósito de verificar se houve superação, por parte da agência, dos correspondentes limites.[233]

---

232 NOBRE JÚNIOR, Edilson Pereira. "Há uma discricionariedade técnica?". *Revista do Programa de Pós-Graduação em Direito da UFBA*, vol. 26, 2016, pp. 121-122.

233 A alegação de que, no que concerne às agências reguladoras, a discricionariedade representaria zona inexpugnável ao controle jurisdicional não passa de um engano, partindo-se de uma compreensão aligeirada do Título 5, Parte I, Capítulo 7, Secção 701, a, do APA. Assim nos demonstra Enterría ["Algunas reflexiones sobre el derecho administrativo norteamericano. (A proposito de una nueva exposición

5 – O juiz e os motivos do ato normativo da agência

O outro ponto – importantíssimo, aliás – a ser aqui examinado e o que, conexo com o exame da razoabilidade ou adequação da regra elaborada pela agência, concerne à apreciação dos motivos, mais precisamente dos pressupostos factuais que embasaram a tomada de decisão dos reguladores.

Disso se tem a possibilidade de inexistência do motivo ou da sua não adequação à hipótese concreta. Dessa investigação é possível que se descortine um erro crasso de apreciação, figura que se apropinqua à correspondência ou conformidade da situação fática frente à consequência ou efeito da decisão regulatória.

Na França, de onde veio uma sólida inspiração para a formulação do Direito Administrativo nestas paragens, ainda é frequente se afirmar – como laboram Michel Verpaux & Janice Jalicöt –[234] o que se entende por erro de qualificação jurídica dos fatos, consistindo este na circunstância da Administração se fundar sobre fatos que, por sua natureza, não justificam a adoção da decisão atacada.

Reportam-se a decisões do Conselho de Estado – sem dúvida, ainda atuais – as quais permitiram à jurisdição administrativa controlar se os fatos invocados pelos agentes administrativos como ofensivos à ordem pública são idôneos para justificar a imposição de uma medida de polícia (CE, de 19 de maio de 1933, Benjamin) ou respaldar a imposição de uma sanção disciplinar, ou ainda uma sanção disciplinar motivada pela emissão de opinião por parte de um funcionário (CE, de 13 de

---

sistematica del mismo)". *Revista de Administración Pública*, número 85, p. 253, nota 29, jan./abr. 1978] quando diz que a exclusão do controle judicial se encontra mal formulada, porquanto, na verdade, não se cuida de inadmissibilidade, mas sim de negativa do pleito ao entendimento de que a competência discricionária foi exercitada adequadamente. Daí ser admissível que o juiz verifique excesso ou abuso de discricionariedade.

234 VERPAUX, Michel; JANICOT, Laëtitia. *Droit public:* pouvoirs publics et action administrative. 1ª Ed. Paris: Press Universitaires de France, 2009, p. 410.

maio de 1953, Tessier). A estes precederam, como julgamento líder, o aresto de 04 de abril de 1914 (Gomel).[235]

Por isso, numa boa hora, a Lei n. 13.848/2019, pelo seu art. 5º, tornou obrigatório para a agência reguladora indicar os pressupostos de fato que determinarem suas decisões, inclusive e principalmente a respeito da edição ou não de atos normativos.

A previsão legal, ao inserir tal dever quanto aos atos normativos sanou uma insuficiência da Lei n. 9.784/99, cujo art. 50, *caput*, refere-se, em seu pórtico a "atos administrativos", cuja nota que os singulariza é a da unilateralidade, dirimindo qualquer dúvida sobre a indispensabilidade de motivação, por parte das agências, sobre a elaboração dos seus atos normativos.

---

235 No julgado, havia lei editada pela municipalidade parisiense que permitia ao prefeito recusar uma licença para construir quando o projeto, se executado, viesse a produzir um atentado a uma perspectiva monumental. O senhor Gomel teve seu pleito indeferido e acorreu à jurisdição administrativa, tendo o Conselho de Estado, em considerando que a localidade Beauve, vista em sua totalidade, não se encontrava a formar uma perspectiva monumental, entendeu que a autoridade municipal, ao recusar a autorização para construir, incorreu numa falsa ou incorreta aplicação da lei. Porventura com maior atualidade, é de se destacar José Luís da Cruz Vilaça (O juiz e a economia – a intensidade do controlo jurisdicional em matéria de concorrência na ordem jurídica da União Europeia. *Julgar*, n. 35, 2018, p. 21), ao tratar do tema do controle judicial dos órgãos reguladores da concorrência, quando, após enfatizar que nestes domínios há uma ampla margem de apreciação da autoridade administrativa, o conceito-chave para o juiz há que ser o que pode ser endradável como "erro manifesto de apreciação". Assinala a possibilidade de ocorrência de, ao menos, quatro tipos de equívocos, suscetíveis de anular uma decisão da Comissão Europeia, mesmo no âmbito de um controle restrito. São elas: a) a Comissão não avaliou corretamente os fatos materiais em que se baseou em sua análise; b) a Comissão não tomou em consideração fatos relevantes; c) a Comissão lastreou a sua decisão em fatos manifestamente sem relevância; d) a análise das provas pela Comissão, ainda que não manifestamente errada, não pode fundamentar legitimamente as suas conclusões quanto à probabilidade de produção de determinados efeitos no mercado em resultado de uma operação de concentração, ou quanto a um comportamento estratégico que vise ao encerramento do mercado ou a exclusão de um concorrente.

Num complemento, a Lei n. 13.848/2019 prevê que, por ocasião da adoção ou de proposta de alteração, de atos normativos de interesse geral dos atores econômicos, consumidores ou usuários, far-se-á precedentemente, nos termos de regulamento do Poder Executivo, Análise de Impacto Regulatório (AIR),[236] a qual deverá conter informações e dados sobre a possível eficácia da proposição.

Compete ao regulamento, no que diz respeito a tal estudo, dispor sobre o seu conteúdo, metodologia, sobre os quesitos mínimos a serem objeto de exame, bem assim sobre a enunciação dos casos em que será obrigatório e em que poderá ter sua realização dispensada, hipótese na qual a agência deverá disponibilizar, no mínimo, nota técnica ou documento equivalente que tenha servido de lastro à proposta de decisão. O conselho diretor ou diretoria se manifestará sobre o relatório da AIR, devendo se disponibilizar tais documentos em caso de consulta ou audiência pública, caso haja decisão pela continuidade do procedimento administrativo.

Nesse sentido, João Nuno Calvão,[237] ao cogitar do erro de fato, incidente sobre as circunstâncias relevantes à tomada da decisão, que entende se configurar em termos amplos, enuncia a importância da apreciação, por parte do juiz, de se os motivos da atuação administrativo-regulatória são materialmente exatos e também logicamente comparáveis com a deliberação que se adotou.

A relevância da motivação, em se tratando de decisão regulatória, não escapou a Sunstein,[238] a ponderar pela sua necessidade tendo

---

236 A previsão da elaboração de Análise de Impacto Regulatório foi repetida pela Lei n. 13.874/2019, que versa sobre o direito de liberdade econômica, laborando o legislador numa maior abrangência frente à regulação independente, por se referir aos órgãos e entidades da Administração Federal, incluídas autarquias e fundações públicas.

237 SILVA, João Nuno Calvão. *Agências de regulação na União Europeia*. Coimbra: GESTLEGAL, 2017, p. 762.

238 SUSTEIN, Cass R. "O constitucionalismo após o *New Deal*". *Regulação econômica e democracia*. 1ª Ed. Trad. Jean Paul Cabral Veiga da Rocha. São Paulo: Editora 34, pp. 167-168, 2004.

em vista a falta de especialização técnica dos juízes que, desse modo, podem exigir e avaliar explicações detalhadas das deliberações do regulador sem que tenham que substituir os juízos técnicos e políticos das agências pelo seu.[239]

A relevância do exame da motivação exposta pela agência reguladora foi demonstrada com o julgamento, por parte do Tribunal Regional Federal da Quinta Região, de recurso de apelação (PJE 0802508 - 46).

Os autos retratavam ação civil pública ajuizada pelo Ministério Público Federal, com o objetivo de afastar a aplicação da Resolução n. 1.292/2017, editada pela Agência Nacional de Águas - ANA juntamente com a Agência Executiva de Gestão de Águas do Estado da Paraíba, na parte que, dentre outros pontos, permitiu o emprego dos recursos hídricos do Sistema Hídrico Rio Paraíba - Boqueirão para fins agrícolas, desde que a área de cultivo não ultrapassasse meio hectare.

A sentença, ao enxergar possível estado de escassez hídrica, tal qual previsto no art. 1°, III, da Lei n. 9.433/97, julgou procedente o pedido para que fosse suspensa a utilização dos recursos hídricos, que deveria, então, restringir-se ao consumo humano e à dessedentação de animais.

O recurso de apelação foi provido ao argumento de que, para o fim de editar a resolução impugnada, as duas agências se basearam em sólido estudo e avaliação do cenário, conforme foi possível se verificar da robustez dos argumentos constantes da Nota Técnica Conjunta n. 1 - 2017, não havendo o Ministério Público, no campo probatório, ido

---

239 Isso sem contar que, às voltas com a preocupação do Congresso norte-americano em controlar os atos normativos das agências, o APA, no seu Título 5, Parte I, Capítulo 8, §801, alínea B, prevê que a agência, ao submeter a proposta de regra à Câmara e ao Senado e ao Controlador Geral, deverá enviar: "(I) uma cópia integral da análise do custo-benefício da regra, se houver" ["(I) a complete copy of the cost-benefit analysis of the rule, if any"]. Disponível em: www.law.cornell.edu. Acesso em: 20 nov. 2019.

além da juntada do Ofício n. 377/2017 - SIH/MI, oriundo do Ministério da Integração Nacional.[240]

---

240 Eis, densamente esclarecedora, a ementa do julgado: "ADMINISTRATIVO. APELAÇÃO. AÇÃO CIVIL PÚBLICA. AMBIENTAL. SUSPENSÃO DA AUTORIZAÇÃO PARA USO AGRÍCOLA DE RESERVATÓRIO. SEGURANÇA HÍDRICA DO MANANCIAL. EXISTÊNCIA DE ESTUDOS TÉCNICOS A EMBASAR A DECISÃO DOS ÓRGÃOS ADMINISTRATIVOS COMPETENTES. AUSÊNCIA DE ANÁLISE TÉCNICA CAPAZ DE CONTRAPOR AS CONCLUSÕES DA ADMINISTRAÇÃO. MOTIVAÇÃO RAZOÁVEL.1. Na hipótese, foi promovida pelo Ministério Público Federal ação civil pública objetivando a suspensão da autorização para uso agrícola das águas do reservatório Epitácio Pessoa. A sentença julgou parcialmente procedente a pretensão deduzida na inicial, ressalvando a utilização apenas para consumo humano e dessedentação de animais, com supedâneo no Artigo 1°, III, da Lei n. 9.433/97. 2. Inicialmente, devo destacar que o desenrolar da função administrativa através de critérios técnicos não implica necessariamente em discricionariedade, sendo esta decorrente do espaço de liberdade porventura atribuído ao administrador por norma legal ou regulamentar. É por meio da aferição técnica que se traduz uma certeza, num determinado instante da evolução científica, no que diz respeito a certas circunstâncias que possam ser qualificadas como motivo para a prática ou não de uma decisão administrativa. 3. À administração não é dado o desonerar-se da obrigação de fundamentar, na medida do possível, o seu entendimento, ainda que envolvidos conhecimentos específicos. Não se pode afastar, portanto, a legitimidade do Poder Judiciário para apreciação, sob pena de se permitir arbítrios ou injustiças travestidas de aparência técnica. Por outro lado, existindo um juízo técnico emitido, de modo objetivo, por quadro técnico especializado da Administração, descabe ao Judiciário afastá-lo sem a apresentação de estudo ponderável que demonstre equívoco grosseiro daquele, o que na presente demanda não ocorreu, uma vez que o Ministério Público Federal se utiliza tão somente de ofício do Ministério da Integração Nacional (Ofício n. 377/2017-SIH/MI), insuficiente na espécie. 4. Do compulsar dos autos, observo que a controvérsia diz respeito à possibilidade ou não de se dar fim ao racionamento d'água nos municípios abastecidos pelo supramencionado reservatório, tendo em vista as dificuldades enfrentadas na região no que concerne ao seu volume. É de se destacar que existem diversos subsídios técnicos oriundos de estudos realizados pelos órgãos responsáveis atestando a viabilidade da medida. 5. Na Nota Informativa n. 11/2017/COMAR/SER, é destacado que entre setembro de 2011 a maio de 2016 houve significativa redução, ano a ano, do volume médio mensal consumido, inclusa a evaporação, após ações de gestão, regulação e fiscalização. Ali também se afirma que a demanda real da região para abastecimento público e dessedentação é inferior à vazão disponível de 26,4 m³/s, não havendo impedimento para outros usos, como a agricultura de subsistência. Ainda é ressaltado que com a entrada em operação do Projeto de Integração do Rio São Francisco - PISF, ainda que em fase de pré-operação, os cenários mudam substancialmente, o que não pode ser

É possível se antever que, em situações nas quais se controvertam sobre questões que ostentem uma complexidade técnica, de natureza discricionária ou não, a solução adequada é de se apresentar pela confirmação dos estudos administrativos quando constatado, no particular, o escasso subsídio apresentado pelo impugnante.[241]

---

desconsiderado. 6. Observo que a feitura da Resolução Conjunta ANA e AESA n. 1292/2017, que deu ensejo à demanda, se deu com fundamento em estudos e após avaliação do cenário com a entrada em operação do PISF, como se observa, a título exemplificativo, da Nota Técnica Conjunta n. 1-2017-COFIUSFISRE, das Apresentações ANA - abril e julho de 2017 e das Reuniões - abril e maio de 2017. 7. Em verdade, não se pode olvidar que são diversos os elementos trazidos aos autos pelas entidades envolvidas na gestão hídrica da região abastecida pelo referido açude, que gozam de presunção de legitimidade, não tendo a sentença se lastreado em nenhuma análise técnica contraposta, capaz de desdizer as análises da Administração. 8. Demais disso, conforme o destacado em sede de Pedido de Suspensão de Liminar, sob o n. 0809088-57.2017.4.05.0000, de relatoria do Desembargador Manoel de Oliveira Erhardt, desde a propositura da ação, em agosto de 2017, até a data de 08/05/2018, houve significativo aumento do nível do reservatório, com um aumento de volume de 8,40% para 35,58% do total da capacidade, sinalizando que a suspensão do racionamento não comprometeu a elevação do seu nível de água. 9. Medidas de racionamento implicam em diversas consequências deletérias à população, sendo indispensável análise minuciosa no que diz respeito à sua adoção. Dos fatos trazidos aos autos, após análise documental, tenho que deve ser garantida a competência dos entes administrativos para a deliberação correlata à continuidade ou interrupção do racionamento. 10. Providas as apelações e à remessa oficial e prejudicado a apelação do Ministério Público Federal" (Rel. Des. Edilson Nobre, v.u., PJE 0802508 - 46, 27 de novembro de 2018).

241 Precedente esclarecedor e significativo foi a Apelação Cível 7.377, julgada pela Primeira Turma do Supremo Tribunal Federal em 19 de agosto de 1943. Discutia-se pretensão formulada por administrado, com o fim de invalidar decisão do então Serviço do Patrimônio Histórico e Artístico Nacional, a qual considerou como possuidor de valor histórico o imóvel sito à Praça 15 de novembro, n. 34. O tribunal, na linha de argumentação tecida pelo relator, Min. Castro Nunes, pendeu pelo prevalecimento da decisão administrativa, uma vez amparada em informe pericial, elaborado pelo Professor Pedro Calmon, historiador ilustre que, no âmbito da sua especialização, acrescentou valiosos subsídios, enquanto que os peritos indicados pelo autor e pelo ente público não acrescentaram maiores informações à elucidação da controvérsia.

Assim também entende João Nuno Calvão[242] quando a hipótese implicar uma demonstração dos fatos por estimativa, ao invés de pormenorizadamente, envolvendo juízos de prognose, marcados pela incerteza dos dados disponíveis, de modo a reduzir a intensidade da análise judicial, salvo erro grosseiro.

Em situações que tais, igualmente há que se considerar, na linha do exposto por Schmidt-Assman,[243] com base no critério da relevância objetiva dos interesses ou elementos ponderados, que a decisão administrativa haverá de ser considerada em compasso com o Direito pelo tribunal quando se fundar em considerações adequadas ao seu objeto.

No entanto, isso não equivale a se admitir uma inteira liberade da Administração, pois, como acentua Vieira de Andrade,[244] mesmo em se tratando de prognoses, complexas e gerais, o "défice de racionalidade" não impede que o órgão apresente com clareza os pontos de vista fundamentais nos quais se louvou a previsão, uma vez o método escolhido ter de possuir uma base razoável, não podendo ser meramente intuitivo, sendo, por sua vez, de considerar as regras comuns de experiência e de razão prática.

6 – O juiz e a observância das garantias procedimentais

As decisões proferidas pelas agências reguladoras, normativas ou não, não são tomadas num átimo. Não prescindem de um caminhar e,

---

242 SILVA, João Nuno Calvão. *Agências de regulação na União Europeia*. Coimbra: GESTLEGAL, 2017p. 762.

243 SCHMIDT-ASSMANN, Eberhard. *La teoría general del derecho administrativo como sistema*. Madri: Marcial Pons, 2003, pp. 236-237. Versão para o espanhol por Mariano Bacigalupo *et al.*

244 ANDRADE, José Carlos Vieira de. *O dever da fundamentação expressa dos actos administrativos. Coleção teses*. Coimbra: Almedina, 2003, pp. 264-265.

por isso, dependem de um procedimento, dentro do qual representam o seu final.

Essa concepção que, na atualidade, vem ganhando enorme prestígio, em face da afirmação de uma função administrativa que interaja com o cidadão, aproximando-se deste numa busca de cooperação recíproca, vem transformando o procedimento num padrão para que o Poder Público manifeste sua atuação.

Uma consequência passa a ser a importância que deve ser deslocada para as garantias procedimentais, sendo de notar, dentro dos diversos níveis de procedimento, tal como delineia Schmidt-Assmann,[245] um sentido muito mais amplo, cujas modalidades são aquelas nas quais estão em jogo diversos interesses. Exemplos são os que visam à elaboração de regulamentos ou que envolvem a colaboração entre várias autoridades.

Frisa o autor que, muito embora nesses casos não se possa cogitar da afetação direta de direitos individuais, é inquestionável que a forma como se configuram tais procedimentos, bem como os interesses que são capazes de atingir reflexamente, faz com que se apresentem com uma importância capital caso se considere o direito administrativo em sintonia com o Estado Democrático de Direito.

Nesse diapasão, Eduardo Jordão[246] frisa que a salvaguarda de um procedimento decisório participativo pode constituir uma compensação *direta* à reduzida legitimidade política *indireta* dos dirigentes das entidades reguladoras independentes, tanto que, por ocasião do desate do caso *Mead*, a Suprema Corte deixou claro que o critério da deferência judicial somente poderia ser aplicado nos procedimentos normativos formais, onde a participação tenha sido uma das características marcantes.

---

245 SCHMIDT-ASSMANN, Eberhard. *La teoría general del derecho administrativo como sistema*. Madri: Marcial Pons, 2003, pp. 360-362..

246 JORDÃO, Eduardo. *Controle judicial de uma Administração Pública complexa:* a experiência estrangeira na adaptação da intensidade do controle. São Paulo: Malheiros Editores, 2016, pp. 118-119.

Por isso, a Lei n. 13.848/2019 se mostrou ciosa em prever antecedentes formais para a elaboração dos atos normativos das agências. O primeiro deles que assim estatui é o seu art. 5º, consistindo na indicação dos pressupostos de fato e jurídicos que determinem as suas decisões. Cuida-se da motivação, conforme visto no tópico anterior.

Em seguida, tem-se a Análise de Impacto Regulatório (art. 6º), da qual se cogitou, cujo relatório, juntamente com o pronunciamento da diretoria ou conselho diretor, será disponibilizado aos interessados em caso de consulta ou audiência pública.

Há também previsão de que as decisões da agência haverão de adotar forma colegiada pela diretoria ou conselho diretor (art. 7º), prevalecendo deliberação por maioria de votos, com a ressalva de delegação interna para esse fim, sendo assegurado ao colegiado, se assim suceder, o direito de reexaminar a decisão.

Dispõe o art. 9º da Lei n. 13.848/2019 que precederá à decisão colegiada a realização de consulta pública, desde que se trate da elaboração e alteração de ato normativo de interesse geral dos agentes econômicos, consumidores ou usuários.

A consulta pública, instrumento de apoio à tomada de decisão, mediante o qual a sociedade é ouvida, com a possibilidade de envio de críticas, sugestões e contribuições por quaisquer interessados, sobre a proposta de norma regulatória aplicável ao setor regulado, a qual, ressalvada legislação específica, tratado ou acordo internacional, será realizada com a antecedência de quarenta e cinco dias, a contar do correspondente despacho ou aviso de abertura no Diário Oficial da União e no sítio eletrônico da agência na internet.

Para tanto, os estudos, dados e material técnico usados como fundamento para a proposta deverão ser disponibilizados pela agência, quando do início da consulta. Também serão disponibilizadas as críticas e sugestões encaminhadas pelos interessados no prazo de até dez dias, contado do término do prazo para consulta.

Previu o legislador o dever de pronunciamento por parte da agência sobre as críticas e contribuições dos administrados, o que deverá ocorrer em até trinta dias, iniciado depois da deliberação colegiada final. Tal já poderia ser inferido do art. 34 da Lei n. 9.784/99, cuja aplicação complementar seria irrecusável, caso não tivesse precisado a Lei n. 13.848/2019.[247] No mais, o regimento interno estabelecerá sobre o procedimento que deverá ser observado durante a audiência pública.

Se e quando entender conveniente, compete ao Ministério da Economia opinar sobre os impactos que, no setor regulado, possam provocar as minutas e propostas de alteração de atos normativos que tiverem sido objeto de consulta pública, as quais sejam do interesse geral dos agentes econômicos, consumidores ou usuários dos serviços.

Sem prejuízo da possibilidade de previsão, no regimento interno da agência, de outros meios de participação dos interessados, a agência reguladora, por decisão colegiada, poderá convocar audiência pública para a formação de juízo e tomada de decisão sobre matéria relevante, estando inserida, pela ausência de distinção por parte do legislador, a elaboração de normas.

Em assim deliberando, a agência deverá disponibilizar, em local específico e no correspondente sítio da internet, com antecedência mínima de cinco dias úteis, os documentos indicados pelo art. 10, §3°, I e II, da Lei n. 13.848/2019, em cujo rol se lista o relatório da Análise de Impacto Regulatório,[248] juntamente com os estudos, os dados e o material técnico que tenha embasado a proposta de ato normativo.

---

247 Vale aqui relembrar, com NOHARA e MARRARA, *Processo administrativo - Lei n. 9.784/99 comentada*. São Paulo: Atlas, 2009, p. 249, quando mencionam que o dever de apresentação dos resultados, referido pelo art. 34 da Lei n. 9.784/99, ultrapassa a descrição do procedimento, devendo, portanto, a Administração apresentar como a consulta ou audiência pública se revelou útil, ou seja, deverá declarar quais as sugestões e críticas que foram obtidas e como elas serviram ao procedimento de tomada de decisão.

248 A exigência tem origem noutros ordenamentos, dentre os quais, no norte-americano, conforme antes nos referimos em face de previsão constante do APA (Título 5, Parte I, Capítulo 8, § 801, alínea B), e igualmente no italiano, cujo art. 12 da

Em suma, essas são as exigências procedimentais que, à luz do ordenamento jurídico, dizem respeito à regulação independente no âmbito da Administração Pública Federal.

É de se aplicar aqui, com as adaptações pertinentes, o entendimento consolidado quanto ao elemento formal do ato administrativo, de maneira que, em se distinguindo este como revestimento do ato final das formalidades que integram o procedimento, é de se afirmar que estas últimas, se essenciais, podem ensejar invalidade caso não observadas.[249]

A indicação do que deva se considerar como formalidade essencial é de ser atribuída ao legislador, conforme a relevância que venha acentuar quanto à sua imprescindibilidade.

No caso pátrio, a Lei n. 13.848/2019 houve por bem fazê-lo. Percebe-se, de logo, que remanesce à discrição da Administração – especificadamente, do Ministério da Economia – manifestar-se ou

---

Legge 229, de 29 de julho de 2003, dispõe: "Art. 12. (Análise de impacto das funções de supervisão e regulação das autoridades administrativas independentes). 1. A autoridade administrativa independente, cuja legislação de regência lhe atribui funções de controle, supervisão ou regulatória, há que adotar, no modo previsto nos seus ordenamentos, formas ou métodos de análise do impacto da regulamentação para editarem atos de sua competência e, em particular, de atos administrativos gerais, de programação ou planejamento, e, em qualquer caso, de regulação. (...)" ["Art. 12. (Analisi di impatto delle funzioni di vigilanza e regolazione delle autorità amministrative indipendenti)1. Le autorità amministrative indipendenti, cui la normativa attribuisce funzioni di controllo, di vigilanza o regolatorie, si dotano, nei modi previsti dai rispettivi ordinamenti, di forme o metodi di analisi dell'impatto della regolamentazione per l'emanazione di atti di competenza e, in particolare, di atti amministrativi generali, di programmazione o pianificazione, e, comunque, di regolazione. (...)"]. Disponível em: www. camera.it. Acesso em: 05 nov. 2019.

249 Não se mostra demasiado, mas, antes, oportuno, relembrar FAGUNDES, *O controle dos atos administrativos pelo Poder Judiciário*. 5ª Ed. Rio de Janeiro: Forense, 1979, pp. 73-74, para quem a desobediência à forma implicará invalidade do ato em dois casos, especificadamente quando a lei expressamente a exigir, declarando-a indispensável, ou se a forma for instituída com a finalidade que somente possa ser atendida pela sua obediência. No entanto, cuidar-se-á de defeito de menor importância - diz -, a consistir em simples irregularidade, sem consequência invalidante, quando as formalidades tenham apenas como objetivo o de estabelecer moldes gerais para a metodologia de atuação do serviço público.

não sobre os impactos que, no setor regulado, possam ter as minutas de ato normativo, ou de sua alteração, uma vez aprovadas. A expressão "opinar, quando considerar conveniente", constante do art. 9º, §7º, é eloquente nesse sentido.

A mesma conclusão sucede quanto à realização de audiência pública, porquanto o núcleo verbal "poderá convocar", referido à agência reguladora no art. 10, *caput*, permite inferir que se está diante de discricionariedade.

Já no que concerne à motivação, à elaboração de Análise de Impacto Regulatório, à prolação de decisão colegiada, salvo hipótese estrita de delegação e à realização de consulta pública, o legislador se utilizou de formas verbais impositivas. Nessas situações a garantia procedimental se mostra de obrigatória satisfação, podendo comprometer a validade da decisão final.

De rematar-se, portanto, que se trata, nesses pontos, de zona de vinculação jurídica, razão pela qual o controle judicial se mostra admissível, sobre ser necessário para assegurar a participação democrática e os interesses dos administrados.

A jurisprudência pátria parece recepcionar essa compreensão. Exemplo pujante se tem no julgamento, pelo Supremo Tribunal Federal do MS 24.184 5 - DF,[250] cuja impetração impugnava o Decreto do Presidente da República de 27 de setembro de 2001, o qual, a despeito de ampliar a área do Parque Nacional da Chapada dos Veadeiros, prescindiu da realização de anterior consulta prévia.

Na espécie, o art. 22, §2º, da Lei n. 9.985/2000, dispõe que a criação de uma unidade de conservação deve ser precedida de estudos técnicos e de consulta pública, com a finalidade de que se possa permitir a identificação da localização, da dimensão e dos limites mais adequados para a unidade, tendo o §6º estendido tal previsão para o caso de sua ampliação.

---

250 Pleno, mv, rel. Min. Ellen Gracie, DJU de 27.02.2004.

De avivar que a atuação controladora dos juízes – quando se reportar à invalidação do ato normativo da agência – há que, indiscutivelmente, atentar para o disposto no art. 21, *caput*, da Lei de Introdução ao Direito Brasileiro, a qual impõe ao controlador, juiz ou não, indicar explicitamente as consequências jurídicas e administrativas, bem assim, por força do parágrafo único do preceito, as condições para que a regularização ocorra de modo proporcional, equânime e sem prejuízo dos interesses gerais, evitando-se, se for o caso, a imposição aos prejudicados de ônus excessivos e anormais.

SÍNTESE CONCLUSIVA

A abordagem totalizante do juiz lhe permite harmonizar a visão parcial do órgão administrativo, encarregado da aplicação de uma determinada lei, com o conjunto das normas e princípios legais e constitucionais que constituem o plexo jurídico.[251]

I

Uma circunstância que não pode ser desconsiderada, mas, antes, avivada, é a de que o desenvolvimento da função administrativa sofre variações de tempo e de espaço, reportando-se a doutrina especializada ao que denomina de sistemas administrativos, dentre os quais se mostra usual bipartição entre os modelos francês ou europeu continental e o inglês ou do *common law*, os quais são de grande relevo para a compreensão e o aperfeiçoamento do desenho regulatório pátrio e de seu controle.

Nos Estados Unidos, a rebeldia da sociedade, cônscia da insuficiência do *common law*, fez com que, em nível federal, fosse criada a *Interstate Commerce Commission* (ICC) em 1887, a partir da qual, com a evolução da legislação administrativa, cuja consolidação se deu com

---

251 MAIRAL, Héctor A. *Control judicial de la Administración Pública*. Buenos Aires: Depalma, vol. 1, 1984, p. 3 "El enfoque totalizador del juez le permite armonizar la visión parcializada del órgano administrativo, encargado de la aplicación de una ley determinada, con el conjunto de las normas y principios legales y constitucionales que constituyen el plexo jurídico".

a promulgação do *Administrative Procedure Act* de 1946, permitiu que o Direito Administrativo fosse balizado pelo instituto das agências, as quais se dividem entre as independentes (*independent agencies*) e as executivas (*executive agencies*), conforme a medida de sua autonomia perante os Poderes Públicos, especialmente o Executivo, notabilizando-se pela impossibilidade, nos termos da lei, da dispensa imotivada de seus dirigentes, juntamente com o exercício de competência normativa (*rule making*) e administrativa (*adjudication*) de natureza autônoma.

No Reino Unido, o desenvolvimento do *Board System* fez com que, durante o século anterior, resultasse no surgimento, em número múltiplo, dos *quangos*, organismos, de contornos não suficientemente claros, aos quais, mesmo em não se integrando na estrutura de um ministério, são atribuídas tarefas governamentais, sendo sua atuação exercitada com maior ou menor autonomia diante dos ministros. Agrupam-se em quatro modalidades (*Executive NDPBs*, *Advisory NDPBs*, *Tribunals* e *Boards of Visitors*).

Ao princípio do decênio de 1970, grassou na Europa continental uma concepção que reputava ultrapassado o modelo tradicional de administração burocrática, seja diante dos desafios advindos com a evolução tecnológica, seja pelo perigo da influência política, resultando, assim, na criação de órgãos ou pessoas jurídicas, com objetivo regulatório em setores sensíveis e especializados, os quais, nos termos da legislação instituidora, ostentam uma maior autonomia frente aos governos, de que são exemplos autoridades, administrações, unidades independentes, os garantes e as agências, arquétipo que também restou adotado no âmbito da Comunidade Europeia.

II

A função reguladora, econômica em sentido estrito ou social, vem se transmutando à medida que novas circunstâncias repercutem no relacionamento entre o Estado e a economia, sendo de notar que o avassalador desenvolvimento tecnológico verificado nas últimas décadas do século passado fez com que, superados os modelos liberal e intervencionista, emergisse o Estado garantidor.

O modelo, guiado pelos conceitos de privatização e liberalização, a despeito de abdicar da intervenção do Estado como empresário, vem, com maior razão, reclamar o exercício da sua competência regulatória mediante nova roupagem, caracterizada pela independência política, legitimidade democrática e caráter técnico, de modo a visar à salvaguarda dos mecanismos de mercado e da concorrência, à correção dos abusos, falhas de mercado e externalidades negativas, à tutela dos consumidores e à garantia da prestação adequada dos serviços públicos.

Esse cenário, adverso à persistência do Estado intervencionista, foi coincidente com a entrada em vigor do texto sobranceiro de 1988, de modo que, passados aproximadamente sete anos, reformas constitucionais aderiram à onda privatizante. Simultaneamente, no que diz respeito ao formato da Administração Pública, o Plano Diretor da Reforma do Aparelho de Estado, numa tentativa de salto rumo à afirmação do modelo administrativo gerencial, propugnou pela substituição das antigas autarquias em agências reguladoras autônomas, modelo inspirado na organização administrativa norte-americana, mas cujos desafios hão de ser resolvidos com a consideração principal de nossas peculiaridades.

O qualificativo independente do ente regulador diz respeito à medida de sua autonomia frente à Administração Direta, a qual se manifesta com maior amplitude do que a verificada com as autarquias tradicionais. Revela-se no que concerne à atuação dos seus gestores, à sua competência técnica e normativa, bem assim quanto à sua autonomia financeira. De esclarecer ainda que dito apanágio não resta comprometido com a previsão de controle quanto à eficiência de sua atividade pelo Legislativo, com o auxílio dos tribunais de contas.

A sintonia da regulação independente com a democracia guarda liame com a amplitude das prerrogativas dos entes reguladores e seus dirigentes, as quais, derivadas do processo legislativo, devem ser conferidas numa medida exata, capaz de permitir sua independência frente ao Governo, não podendo ser duma amplitude tal que conduza à irresponsabilidade dos seus gestores.

III

A competência dos reguladores independentes decorre de uma outorga do Legislativo, de modo que se trata de uma atividade a ser exercitada de conformidade com o Direito. O seu controle pelo Judiciário se constitui impositivo no Estado Democrático de Direito, principalmente por se tratar de uma atividade que, abrangendo os mais diversos e especializados setores sociais e econômicos, é exercitada sem uma maior visibilidade pela opinião pública, sem que, para seu contraste, haja uma fiscalização densa pelo Executivo e pelo Parlamento.

Não sendo assim, corre-se, no cotidiano, o risco do poder dos expertos (*pouvoir d'expertise*), no lugar de antídoto aos vícios da política, tornar-se protagonista de um novo revestimento da arbitrariedade.

Considerando-se que o texto sobranceiro de 1988, mesmo explicitando a competência estatal regulatória, não especificou seu formato, de sorte que a instituição do modelo de agências reguladoras pelo legislador, a partir de 1996, inspirada na experiência norte-americana, não pode justificar uma importação impensada de um padrão, antes devendo, dentre alguns aspectos, observar não somente o traçado constitucional pátrio, a partir do sistema de fontes, onde a legalidade assume configuração diversa, e da organização judiciária, mas, principalmente, as singularidades da realidade econômica, política e social latino-americana na qual estamos imersos.

IV

Um aspecto decisivo, em se considerando que a função regulatória das agências envolve o exercício de poder, é o da conformação das suas competências com o Direito, o que, necessária e intransponível, há de ser aferido diante de um modelo constitucional específico.

Ao contrário da experiência constitucional norte-americana, cuja ductilidade da Constituição de 1787 permitiu uma dinâmica interpretativa formidável em torno da divisão de poderes, bem como do constitucionalismo argentino, o qual procedeu a adaptações com a revisão de 1994, a Lei Fundamental de 1988, a exemplo de outros sistemas do direito europeu continental, perfilou arquétipo rígido em sua tecido organizativo, disciplinando, a nível de pormenor, o processo legislativo e os seus espécimes.

Nesse diapasão, restou limitado o exercício da função normativa primária em favor de âmbitos estranhos à intervenção parlamentar, o que se percebe não somente pelo art. 68, *caput*, da Lei Básica, ao monopolizar a titularidade da delegação legislativa no Presidente da República, mas também com o art. 25, I, do ADCT, ao revogar os dispositivos legais que deleguem competência normativa a órgão do Poder Executivo. Isso sem contar que, especialmente quanto à atuação estatal como agente regulador, o art. 174, *caput*, daquela, optou por condicioná-la mediante a cláusula "na forma da lei".

Por isso, e na impossibilidade de uma mutação constitucional indevida, segue-se que, diante da estrutura moldada pela Lei Máxima vigente, remanesce a natureza regulamentar, infralegal, à competência normativa das agências reguladoras. A sua vitalidade emerge da própria organização administrativa. Manifesta-se mediante a remissão normativa, tendo em vista a adequação da deslegalização à província organizatória.

Afastada, no que concerne à competência normativa das agências, a possibilidade de delegação do poder legislativo, segue-se competir ao Judiciário sindicar tanto a constitucionalidade das próprias remissões normativas, com o escopo de invalidar delegações legislativas de fato, por ausência de diretriz, por mínima que seja, na correspondente lei, quanto examinar eventual extravasamento dos limites traçados aos entes reguladores pelo legislador, de modo a que as normas por estes elaboradas, a despeito da discricionariedade que lhe é inerente, não comprometa a sua qualidade de comando necessário e indispensável ao cumprimento da lei.

Nesse particular, põe-se sob um questionamento a transposição ao nosso sistema jurídico, como uma verdade inabalável, desprovida de qualquer avaliação crítica, da orientação formulada pela Suprema Corte norte-americana no julgado *Chevron*.

Não somente uma argumentação inerente voltada às peculiaridades de nosso modelo constitucional, que se apresenta diverso do norte-americano em sua parte organizatória, mas motivos preponderantemente de natureza política, econômica e social, fazem, no seu conjunto, com que uma pulverização inquestionável de normas, regendo inúmeras e complexas relações jurídicas, possa comprometer as garantias dos administrados frente a um possível desvio de atuação do regulador, debilitando-as.

Isso sem que se abstraia, em casos que tais, o receio de se patrocinar uma primazia de vários centros de irradiação normativa portadores de déficit – às vezes, denso – de legitimidade democrática.

Outro aspecto de relevo decorre das constituições promulgadas a partir da segunda metade da centúria que se findou, as quais, na sua preferência pelo padrão analítico, consagram, em vários dispositivos, a reserva, em favor do Parlamento, para o tratamento de determinadas matérias.

Tal postura – que, na prática, mostra-se presente com a remissão pelo constituinte à lei – faz com que se excluam outras fontes jurídicas da delineação dos elementos essenciais do tema reservado.

Disso decorre, nesses muitos assuntos nos quais se inserem, por força da Lei Básica vigente, a liberdade de profissão, as sanções administrativas, entre algumas, que as agências – as quais não haurem da constituição o exercício de função legislativa – delas não podem cuidar, cabendo, assim, ao Judiciário, caso reste não observada uma proibição constitucional de normatizar, censurar a aplicação da regra emitida pelo regulador seja por inconstitucionalidade ou, se for o caso, por ilegalidade.

Muito embora a elaboração de regras pelas agências, sob o prisma de seu conteúdo, esteja localizada em âmbito que envolve um espaço de liberdade (discricionariedade regulamentar), não se pode deixar de considerar que tal não se mostra ilimitado, pois há de ser desempenhado de conformidade com a constituição e as leis.

Segue-se daí que a observância de tais parâmetros há de ser alvo da fiscalização dos tribunais, sendo de especial relevo a conferência da razoabilidade ou arbitrariedade do teor da medida editada.

É sabido que a adoção de medidas normativas diga respeito a apreciações de caráter técnico-científico, sendo de notar que, na maioria das vezes, não se trata propriamente de uma discricionariedade – tal como este conceito é compreendido –, porquanto as conclusões técnicas, salvo quando louvadas em balizas de certeza relativa e não suficiente, delineiam um só quadro fático, estando, quando muito, a discrição administrativa localizada quanto à escolha de mais um efeito, dentre os legalmente permitidos. Portanto, tratando-se de um escasso campo de liberdade, o controle jurisdicional não se encontra, na maioria das vezes, excluído.

Intimamente ligado aos questionamentos antecedentes, assoma de inegável relevância a investigação judicial sobre os motivos que, decisivamente, atuaram no sentido de conduzir o regulador à adoção da regra, a fim de verificar se os mesmos são existentes e, simultaneamente, adequados para respaldar a conclusão deliberada pela agência, sendo de notar que, nalgumas circunstâncias, onde se têm questões de elevada complexidade, aliadas a juízos de prognósticos, manifesta-se tendência à limitação, em regra, da atuação controladora do juiz.

Sintonizada com o perfil colaborativo que na atualidade impregna à Administração hodierna a noção de procedimento administrativo, motivo pelo qual a elaboração de normas pelas agências necessita observar determinadas salvaguardas de participação que, uma vez indicadas pelo legislador como essenciais, a sua observância ensejará a possibilidade de ativação do controle jurisdicional, devendo ser observada, em caso de invalidação, o art. 21 da Lei de Introdução ao Direito Brasileiro.

REFERÊNCIAS BIBLIOGRÁFICAS

LIVROS

AMARAL, Diogo Freitas do. *Curso de Direito Administrativo.* 2ª Ed., vol. I. Coimbra: Livraria Almedina, 1998.

ANDRADE, José Carlos Vieira de. "O dever da fundamentação expressa dos actos administrativos". *Coleção teses.* Coimbra: Almedina, 2003.

BARROSO, Luís Roberto. "Agências reguladoras. Constituição, transformações do Estado e legitimidade democrática". *Uma avaliação das tendências contemporâneas do Direito Administrativo.* Rio de Janeiro: Renovar, 2003.

BERCHOLC, Jorge O. *Temas de Teoría del Estado.* 2ª Ed. Buenos Aires: La Ley, 2015.

BERCOVICI, Gilberto. *Direito Econômico aplicado:* estudos e pareceres. São Paulo: Contracorrente, 2016.

BIANCHI, Alberto B. "El control judicial de la Administración Pública bajo la llamada doctrina de la deferencia". *El derecho público a comienzos del siglo XXI.* Estudios en Homenaje al Profesor Allan Brewer Carías. Madri: Civitas, 2003.

CAETANO, Marcelo. *Manual de Direito Administrativo.* 10ª Ed., vol. I. Coimbra: Livraria Almedina, 1997.

CANOTILHO, J. J. Gomes. "O Estado garantidor: claros - escuros de um conceito". *In*: NUNES, António José Avelãs; COUTINHO, Jacinto Nelson de Miranda (Coord.) *O Direito e o futuro. O Futuro do Direito.* Coimbra: Almedina, 2008.

CANOTILHO, José Joaquim Gomes. *Direito constitucional.* 5ª Ed. Coimbra: Livraria Almedina, 1992.

CASSAGNE, Juan Carlos. *Fragmentos de Derecho Administrativo. Entre la justicia, la economia y la política.* Buenos Aires: Editorial Hamurabi, 2003.

CASSESE, Sabino. *Derecho Administrativo: historia y futuro.* Servilha: Global Law Press, 2014.

CAVALCANTI, Themístocles Brandão. *Tratado de Direito Administrativo.* 4ª Ed., vol. 2, Rio de Janeiro: Livraria Freitas, 1960.

CAVALCANTI, Francisco. "A reserva de densificação normativa da lei para preservação do princípio da legalidade". *In*: BRANDÃO, Cláudio; CAVALCANTI, Francisco; ADEODATO, João Maurício (Coord.). *Princípio da legalidade:* da dogmática jurídica à teoria do Direito. Rio de Janeiro: Forense, 2009.

CORNEJO, Valentin Thury. *Juez y division de poderes hoy.* Buenos Aires: Ciudad Argentina, 2002.

DANTAS, Ivo. *Teoria do processo e da história constitucionais - uma análise epistemológica na perspectiva comparada*, vol. 1. Curitiba: Instituto Memória, 2019.

DANTAS, Ivo. *Direito constitucional econômico:* globalização & constitucionalismo. Curitiba: Juruá, 1999.

DAVID, René. *Os grandes sistemas do direito contemporâneo.* São Paulo: Martins Fontes, 1993.

ENTERRÍA, Eduardo García de; FERNANDÉZ, Tomás-Ramón. *Curso de Derecho Administrativo.* 10ª Ed., vol. I. Madri: Civitas, 2001.

FAGUNDES, Miguel Seabra. *O controle dos atos administrativos pelo Poder Judiciário.* 5ª Ed. Rio de Janeiro: Forense, 1979.

GAMBOA, Jaime Orlando Santofimio. *Compendio de Derecho Administrativo.* Bogotá: Universidad Externado de Colombia, 2017.

GENTOT, Michel. *Les autorités administratives indépendantes.* 2ª Ed. Paris: Montchrestien, 1994.

HAMILTON, A; MADISON, J.; JAY, J. *El Federalista.* 2ª ed. México: Fondo de Cultura Económica, 2001.

HAURIOU, Maurice. *Précis de droit administratif et de droit public.* 12ª Ed. Paris: Dalloz, 2002. Edição revista por Peirre Delvolvé e Franck Moderne.

HESSE, Conrad. "Constitución y derecho constitucional". BENDA, Ernesto; MAIHOFER, Werner; VOGEL, Juan J.; HESSE, Konrad; HEYDER, Wolfgang (Coord.). *Manual de derecho constitucional.* Madri: Marcial Pons, 1996.

ITALIA, Vittorio; LANDI, Guido; POTENZA, Giuseppe. *Manuale di diritto administrativo.* 12ª Ed. Milão: Dott. A. Giuffrè Editore, 2000.

JORDÃO, Eduardo. *Controle judicial de uma Administração Pública complexa:* a experiência estrangeira na adaptação da intensidade do controle. São Paulo: Malheiros Editores, 2016.

MACLEAVY, Julie. *The Quango debate.* Londres: Research Publications Officer, 2005.

MAIRAL, Héctor A. *Control judicial de la Administración Pública.* Buenos Aires: Depalma, vol. 1, 1984.

MALDONADO, Armando Rodríguez David. *Poder Executivo y Estado administrativo - El caso comparado de México y los Estados Unidos.* México, D.F.: Tirant lo Blanch, 2014.

MARTÍNEZ, Juan Miguel de la Cuétera. "La regulación subsiguiente a la liberalización y privatización de servicios públicos". *In*: COSTA, Almeida; SOARES, Ehrhardt; NEVES, Castanheira; PORTO, Lopes; COSTA, Faria. *Os caminhos da privatização da Administração Pública.* Boletim da Faculdade de Direito de Coimbra - Studia Iuridica, vol. 60. Coimbra: Coimbra Editora, 2001.

MEDINA, Graciela. "La ensenãnza del Derecho Comparado". *In*: ABERASTURY, Pedro (Coord.). *Estudios de derecho comparado.* Buenos Aires: Editorial Universitaria de Buenos Aires, 2016.

MEIRELLES, Hely Lopes. *Direito Administrativo Brasileiro.* 14ª Ed. São Paulo: Revista dos Tribunais, 1989.

MELLO, Oswaldo Aranha Bandeira de. *Princípios Gerais de Direito Administrativo*, vol. I – Introdução. 3ª Ed. São Paulo: Malheiros Editores, 2007.

MELLO, Celso Antonio Bandeira de. *Curso de Direito Administrativo.* 33ª Ed. São Paulo: Malheiros, 2018.

_______ "A democracia e suas dificuldades contemporâneas". *Grandes temas de Direito Administrativo.* 1ª Ed. São Paulo: Malheiros, 2009.

MONATERI, Pier Giuseppe. "Comparando las comparaciones. El problema de legitimidad cultural y el nomos del Derecho". *In*: GONZALES, Carlos Agurto; MAMANI, Sonia Lidia Quequejana (Coord.). *Los límites de la interpretación jurídica y el derecho comparado.* Lima: Ara Editores, 2009.

______ "Globalización y derecho europeo de los contratos". *In*: GONZALES, Carlos Agurto; MAMANI, Sonia Lidia Quequejana (Coord.). *Los límites de la interpretación jurídica y el derecho comparado*. Lima: Ara Editores, 2009.

MONCADA, Luís S. Cabral de. *Lei e regulamento*. Coimbra: Coimbra Editora, 2002.

MORAES, Germana de Oliveira. *Controle jurisdicional da Administração Pública*. 2ª Ed. São Paulo: Dialética, 2004.

MOREIRA NETO, Diogo de Figueiredo. *Mutações do Direito Administrativo*. 2ª Ed. Rio de Janeiro: Renovar, 2001.

MOREIRA NETO, Diogo de Figueiredo. *Poder, Direito e Estado:* o Direito Administrativo em tempos de globalização. São Paulo; Fórum, 2011.

MOREIRA, Vital. "Serviço público e concorrência. A regulação do setor elétrico". *In*: Coord.: COSTA, Almeida; SOARES, Ehrhardt; NEVES, Castanheira; PORTO, Lopes; COSTA, Faria. *Os caminhos da privatização da Administração Pública*. Boletim da Faculdade de Direito de Coimbra - Studia Iuridica, vol. 60. Coimbra: Coimbra Editora, 2001.

MOREIRA, Vital. *Administração autónoma e associações públicas*. Coimbra: Coimbra Editora, 2003.

MONTESQUIEU, Charles-Louis de Secondat. *Do espírito das leis*, Livro Décimo Primeiro, Capítulo V. Versão para a língua portuguesa disponível em: www.dhnet.org.br. Acesso em: 25 ago. 2019.

MORÓN, Miguel Sánchez. *Discrecionalidad administrativa y control judicial*. Madri: Tecnos, 1994.

NAVARRO, Karlos; GARCÍA, Miguel Ángel Sendín. "Los mercados regulados de servicios públicos". RUIZ, Jorge Fernandéz (Coord.). *Derecho Administrativo global*. México - D. F.: Editorial Porrúa, 2013.

NOBRE JÚNIOR, Edilson Pereira. "Regulamento autônomo *versus* regulamento de execução". *Direito Administrativo contemporâneo:* temas fundamentais. São Paulo: Juspodivm, 2016.

NOHARA, Irene Patrícia; MARRARA, Tiago. *Processo administrativo - Lei n. 9.784/99 comentada*. São Paulo: Atlas, 2009.

ORTEGA, Ricardo Rivero. *Derecho Administrativo económico*. 5ª Ed. Madri: Marcial Pons, 2009.

OTERO, Paulo. *Legalidade e Administração Pública:* o sentido da vinculação administrativa à juridicidade. Coimbra: Almedina, 2007.

ORTIZ, Gaspar Ariño. *Principios de derecho público económico (Modelo de Estado, gestión pública e regulación económica)*. Granada: Editorial Comares, 2001.

PASTOR, Juan Alfonso Santamaría. *Princípios de Derecho Administrativo*, vol. 1. 4ª Ed. Madri: Editorial Centro de Estudios Ramón Areces, 2002.

PARADA, Ramón. *Concepto y fuentes del Derecho Administrativo.* Madri: Marcial Pons, 2008.

PESSOA, Robertônio Santos. *Administração e regulação.* Rio de Janeiro: Forense, 2003.

PORRAS, Eloísa Carbonell. *Agencias y procedimiento administrativo nos Estados Unidos de América.* Madri: Marcial Pons, 1996.

SCAFF, Fernando Facury. *Responsabilidade do Estado intervencionista.* São Paulo: Saraiva, 1990.

SCHMIDT-ASSMANN, Eberhard. *La teoría general del derecho administrativo como sistema.* Madri: Marcial Pons, 2003.

SCHWARTZ, Bernard. *American administrative law.* 1ª Ed. Londres: Sir Isaac Pitman & Sons, 1950.

SILVA, João Nuno Calvão da. *Agências de regulação na União Europeia.* Coimbra: GESTLEGAL, 2017.

SILVA, Almiro do Couto e. "Administração Direta e as autarquias: autarquias especiais, agências reguladoras e agências executivas". *Conceitos fundamentais do Direito no Estado Constitucional.* São Paulo: Malheiros, 2015.

SOARES, Rogério Guilherme Ehrhardt. "Direito público e sociedade técnica". Coimbra: Atlântida Editora, 1969.

SOUSA, António Francisco de. *"Conceitos indeterminados" no Direito Administrativo.* Coimbra: Livraria Almedina, 1994.

SUNDFELD, Carlos Ari. "Conversando sobre Direito Administrativo". *Direito Administrativo para céticos.* 2ª Ed. São Paulo: Malheiros, 2017.

SUSTEIN, Cass R. "O constitucionalismo após o *New Deal*". *Regulação econômica e democracia.* 1ª Ed. São Paulo: Editora 34, 2004.

TRUCHET, Didier. *Droit administratif.* 7ª Ed. Paris: Presses Universitaires de France, 2017.

VEIGA, Gláucio. *Direito econômico: fundamentos, globalização, desglobalização, disfunção do Direito.* Recife: Nossa Editora, 2009.

VERPAUX, Michel; JANICOT, Laëtitia. *Droit public:* pouvoirs publics et action administrative. 1ª Ed. Paris: Press Universitaires de France, 2009.

VIDELA, Santiago M. Castro; FOURCADE, Santiago Maqueda. *La delegación legislativa y el Estado regulatorio: uma mirada crítica al agujero negro de la regulación*. Buenos Aires: Editorial Ábaco de Rodolfo Depalma, 2018.

WOLFE, Christopher. *La transformación de la interpretación constitucional*. Madri: Civitas, 1991.

ZAGREBELSKI, Gustavo. *Il giudice delle leggi artefice del diritto*. Editoriale Scientifica: Napolés, 2007.

ARTIGOS PUBLICADOS EM REVISTAS E PERIÓDICOS

ARAGÃO, Alexandre Santos de. "O poder normativo das agências reguladoras independentes e o Estado democrático de Direito". *Revista de Informação Legislativa*, ano 37, n. 148, out./dez. 2000.

ARAÚJO, Luiz Eduardo Diniz. "O controle das agências reguladoras pelo Poder Legislativo". *Revista de Informação Legislativa*, ano 55, n. 217, jan./mar. 2018.

CABALLERO, Francisco Velasco. "Metodología comparativa para el Derecho Administrativo". *Revista española de Derecho Administrativo*, n. 200, jul./set. 2019.

CARLI, Chiara. "Il caso Chevron. Interpretazioni del guidice e interpretazioni dell'amministrazione negli Stati Uniti". *Rivista trimestrale di diritto pubblico*, n. 4, 1995.

CAVALCANTI, Francisco. "A independência da função reguladora e os entes reguladores independentes". *Revista de Direito Administrativo*, vol. 219, jan./mar. 2000.

_______ "Reflexões sobre o papel do Estado frente à atividade econômica". *Revista Trimestral de Direito Público*, n. 20, 1997.

CONFRARIA, João. "Falhas do Estado e regulação independente". *Revista de Concorrência e Regulação*, ano I, n. 3, set. 2010.

CUÉLLAR, Leila. "Poder normativo das agências reguladoras norte-americanas". *Revista de Direito Administrativo*, vol. 229, jul./set. 2002.

DANTAS, San Tiago. "Igualdade perante a lei e 'due process of law'". *Revista Forense*, ano XLV, vol. 116, jan./mar. 1948.

ENTERRÍA, Eduardo García. "La interdicción de la arbitrariedad en la postestad reglamentaria". *Revista de Administración Pública*, n. 30, set./dez. 1959, pp. 155-156.

______ "Algunas reflexiones sobre el Derecho Administrativo norteamericano (A proposito de una nueva exposición sistematica del mismo)". *Revista de Administración Pública*, n. 85, jan./abr. 1978.

FERRAZ JÚNIOR, Tércio Sampaio. "Agências reguladoras: legalidade e constitucionalidade". *Revista tributária e de finanças públicas*, vol. 35, nov./dez. 2000.

GIELOW, Igor. Infraestrutura mira regulação para crescer. *Folha de S. Paulo*, 08.09.2019. Disponível em: www1.folha.uol.com.br. Acesso em: 31.08.2021.

GONÇALVES, Pedro da Costa; MARTINS, Licínio Lopes. "Nótulas sobre o novo regime das entidades independentes de regulação da atividade económica". *Textos de Regulação da Saúde*, n. 4, ano 2013.

GUINARD-HERNANDÉZ, David. "La 'regulación' económica como instrumento de dirección estatal de la economia". *Revista Digital de Derecho Administrativo*, n. 18, 2017, pp. 206-208.

ISFER, Renata Becket. "Poder normativo das agências reguladoras: paralelo entre o sistema jurídico brasileiro e o norte-americano". *Publicações da Escola da AGU*, n. 13, 2011.

LLOVET, Enrique García. "Autoridades administrativas independientes y Estado de Derecho". *Revista de Administración Pública*, n. 131, mai./ago. 1993.

MARTÍNEZ, Augusto Durán. "Estado constitucional de Derecho y servicios públicos". *Revista de Direito Administrativo & Constitucional*, ano 15, n. 60, abr./jun. 2015.

MATTAR, Salim. O "Estado empresário". *O Estado de S. Paulo*, 07 out. 2019.

MEDAUAR, Odete. "Poder discricionário da Administração". *Revista dos Tribunais*, vol. 610, ago. 1986, pp. 38-39.

MEDEIROS, Sophia Félix. "As agências reguladoras e a captura: um ensaio sobre os desvios regulatórios na Agência Nacional de Energia Elétrica". *Interesse Público*, ano 19, n. 104, pp. 198-202, jul./ago. 2017.

MELO, Cristine Andrade. "As organizações sociais e as *Quasi autonomous non governamental organizations* (*Quangos*) da Grã-Bretanha: uma fuga para o direito privado?". *Revista do Tribunal de Contas do Estado de Minas Gerais*, ano XXIX, vol. 79, abr./jun. 2011.

NOBRE JÚNIOR, Edilson Pereira. "Há uma discricionariedade técnica?". *Revista do Programa de Pós-Graduação em Direito da UFBA*, vol. 26, 2016.

ORTIZ, Gaspar Ariño. "El control judicial de las entidades reguladoras. La necesaria expansión del Estado de Derecho". *Revista de Administración Pública*, n. 182, mai./ago. 2010.

PASCUAL, Juan José Montero. "La actividad administrativa de regulación: definición y régimen jurídico". *Revista Digital de Derecho Administrativo*, n. 12, segundo semestre de 2014.

QUERÓ, Afonso Rodrigues. "A função administrativa". *Revista de Direito e de Estudos Sociais*, ano XXIV, n. 1, 2, e 3, jan./set. 1977.

SANCHÉZ, Luis Alberto Pomed. "Fundamento y naturaleza jurídica de las administraciones independientes". *Revista de Administración Pública*, n. 132, set./dez. 1993.

SILVA, João Nuno Calvão da. "Poderes e instrumentos regulatórios das entidades reguladoras ao abrigo da Lei Quadro das entidades administrativas independentes com funções de regulação da actividade económica dos sectores privado, público e coorporativo". *Revista Acadêmica da Faculdade de Direito do Recife*, ano 127, vol. 90, n. 1, jan./jun. 2018.

SILVA, Paula Costa e. "As autoridades independentes. Alguns aspectos da regulação económica numa perspectiva jurídica". *O Direito*, ano 138, vol. 3, 2006.

TÁCITO, Caio. "Bases constitucionais do Direito Administrativo". *Revista de Direito Administrativo*, vol. 166, out./dez. 1986.

_______ "O retorno do pêndulo; serviço público e empresa privada. O exemplo brasileiro". *Revista de Direito Administrativo*, vol. 202, out./dez. 1995.

VILAÇA, José Luís da Cruz. "O juiz e a economia: a intensidade do controlo jurisdicional em matéria de concorrência na ordem jurídica da União Europeia". *Julgar*, n. 35, 2018.

NOTAS

NOTAS

NOTAS

NOTAS

NOTAS

NOTAS

NOTAS

A Editora Contracorrente se preocupa com todos os detalhes de suas obras!
Aos curiosos, informamos que este livro foi impresso no mês de agosto de 2021, em papel Pólen Soft 80g, pela Gráfica Grafilar.